レシートで
人生を変える
7つの手順

もらって、
集めて、
眺めるお金術

Hirabayashi Ryoko
平林亮子

幻冬舎

レシートを１度、
じっくり見直してみてください。

1

まずは1か月、レシートを集めよう！
明日がちょっと変わります。

2

カードの利用明細も集めてみよう！
無駄遣いが少なくなります。

3

レシートを分類し、集計しよう！
金銭感覚が磨かれます。

4

レシートから生活費をはじき出そう！
お金の不安がなくなります。

5

レシートを上から下まで読んでみよう！
お金の真価が見えてきます。

6

レシートで自分を浮き彫りにしよう！
本当に欲しいものがわかります。

7

レシートを味わおう！
人生が変わります。

レシートで人生を変える7つの手順／目次

手順1 1か月レシートを集める。 11
レシートは人生を映し出す鏡 12
1週間たったらもう1度見直す 16
レシートは封筒に入れる 20
お金の使い方に関する絶対的なルール 22
やっぱり大切なのは無駄遣いをなくすこと 23
すべてのレシートを忘れずに受け取る方法 25
交通費は必要経費ではない 28

手順2

カードの利用明細もレシートとして集める。

カードの利用明細もレシートとして集める。 31
レシートで無駄遣いを防止する 32
クレジットカードのリストラをしよう 36
マイ限度額を設定しよう 39
1週間に1回、ATMを使う曜日を決める 41
ATM曜日に支出分だけ引き出す 45
預金口座は三つでOK 49
キャッシュカードは1枚に 51
通帳を見直して大きな支出を目で確かめる 53
ポイントは「無料の特典」ではない 59
3000円買い物するより駐車料金を払う 61

準備不足をコンビニで補ってはいけない 63
量販店だから安いとは限らない 66
食料品のレシートは冷蔵庫に貼って在庫管理 68
「仕方ない」「必要だから」を言い訳にしない 69
「とりあえずビール」をやめてみる 73

手順3 レシートを分類し、集計する。

79
1か月の支出総額を推測する 80
レシートは四つに分類する 87
預金通帳でお金の流れを「見える化」する 88
使途不明金をチェックする 94
レシートがないものは封筒にメモ 99
推測額と総額の差が5万以上ならば要注意 100

手順4 レシートから生活費をはじき出す。 107

生きるために必要な「生活費」はいくら？ 108
独身者の場合の生活費 113
共働き夫婦の家計管理 115
共働き夫婦の生活費 117
専業主婦（専業主夫）家庭の生活費 120
お財布をもう一つ持つ 121
生活費は絶対に定額で 121
生活費は一番収入の少ない月に合わせる 122
予算を3か月試してみる 125
生活費が見えれば不安への対処ができる 128
節約すべきかどうかを考えるヒント 130

手順5 レシートを読む。

レシートを読む。……135
レシートをホチキスどめして見直す……136
あなたのレシートにドラマはあるか？……139
レシートに点数をつける……141
200円のコーヒーと400円のコーヒーに違いを感じるか？……145
ホテルのコーヒーがリーズナブルな理由……148
節約もとりあえず実行してみる……150
Wi‐Fi機器が必要か否か頭をまっさらにして考える……154
タクシー代は宅配料金と同じという考え方……156
マッサージは無駄遣いか？……159
ゴールドカードは見栄か？　実利か？……161
同じ1万円でも人生に与える影響は違う……164
駅からさらに5分遠くに住むとしたら……166

「いくらで売れるか」を買う前から考える 168
「安かった」とはどういうことか？ 172
英会話スクールに行かずに英語を身につける方法 175
お金と向き合わないのは無責任 176

手順6 レシートから人生を考える。

レシートから人生を考える。 183
レシートに表れる自分の価値観 184
お金は好きなことに使う 185
嫌いな飲み会を有意義にする工夫 188
「普通の幸せ」とは何か？ 190
五つの質問で自分の価値観を浮き彫りにする 193
無限にお金を使える人はいない 197
今あるものをまず活用する 199

欲しい理由を父にプレゼンした子供時代 200
本当に欲しいものに「もっといいもの」はない 204
損得で考えると視野が狭くなる 205
〝生活レベル〟という基準に惑わされない 206
知らず知らずのうちにお金が貯まる習慣 208
レシートで生活状況をチェック 210
すべてのレシートを幸せに結びつける 211

手順7 レシートを味わう。

～「おわりに」に代えて～ 216

column 1 クレジットカードで家賃を払う 77
column 2 最初の1か月は電卓で計算しよう 134
column 3 繰り上げ返済は不動産価格を考えて 180
column 4 レシートが生活を見守ってくれる 214

手順1

1か月レシートを集める。

レシートは人生を映し出す鏡

節約、貯蓄、投資――。

お金についての相談を受けたとき、私がまずお勧めするのは、

1か月分のレシートを集めてみる

ということ。

お金を払ったら、とにかくレシートをもらう。それを1か月続けるのです。

いつもはレジのそばにあるゴミ箱に捨ててしまうコンビニエンスストアのレシートも、いつもは領収証発行ボタンを押さない電子マネーのチャージも、とにかく全部受け取って持ち帰ってみるということです。

そして、**1日の終わりに、お財布からレシートを取り出し、どんなことにお金を使ったのか、ざっと見直して封筒に入れます。まずそれを1か月続けるだけ。**

難しい作業はありませんから、

「家計簿をつけ始めるものの、いつも三日坊主になってしまう」

「家計簿をつけてはみたけれど、成果があったのかどうかよくわからない」

という方にもお勧めします。

「レシートをもらうだけで、何か変わるの？」

という声も聞こえてきそうですが、レシートを集めて見直すだけで、意外といろいろな気付きがあるものです。

たとえば、こんなことがありました。１日の終わりにレシートを見直してみると、タクシーの領収証が６枚もあったのです。会社経費の立替分と合わせた枚数とはいえ、そんなにあちこちに移動したわけではありません。実は、電車に乗り遅れたことと、手《て》土産《みやげ》を用意し忘れていたために無駄な移動が多くなったことが原因だということを思い出しました。レシートは、そんな自分の恥ずかしい現実（笑）を浮き彫りにしてくれます。

一方、どこでどんなふうにタクシーに乗ったのか、クライアントさんとはどんな話をしたのか、ということまで、レシートを見るだけで１日の状況を思い出すこともできました。

こんなこともありました。レストランのレシートを見直すと、

「あ、このホテルのランチは税込1000円だっけ。とても充実していて、デザートもコーヒーもついてきたんだよね」

と、ゆっくり食事ができた記憶がよみがえってきたのです。

逆に、

「ドーナツショップでランチを済ませた」

など、健康面から気を付けるべき事実が発覚したり、

「マッサージの時間がいつもより長いな。ストレスがたまっているのかな」

という自分の状況について気付かせてもらえたりすることもあります。

そうそう、

「あ、一人焼肉している。昔は一人で焼肉屋さんに入れなかったのに……。大人になったのだということにしておこう！」

と思うこともあったりして（笑）。

レシートには、日時なども記載されています。ですから、それを見れば、いつ、どこ

で何をしていたのかがわかる「日記」のようなものです。生活リズムが乱れていることも、ストレスがたまっていることもレシートに表れてくるのです。

そして、**レシートを集めることによって、何を買ったか、いくら払ったかをいちいち意識するようになります。**そのため、**集め始めたその日からお金の使い方が少し変わってきます。**

また、レシートを見直せば、その日1日を振り返ることができますから、翌日から少し気を付けて生活してみようという気になるものです。少しゆっくり食事をとろう、とか、電車の時間をきちんと調べて落ち着いて行動しよう、とか。

レシートは、人生を「お金」の面から明らかにしてくれるものであり、人生を映し出す鏡だと言っても過言ではありません。そのため、レシートを集めて見直すだけで、お金の使い方に変化が生じるのです。

1週間たったらもう1度見直す

レシートは毎日見直して封筒に集めていきますが、1週間分たまったら、もう1度、すべてのレシートを見直してみてください。

1週間分を集めてから見直すと、さらなる気付きがあります。

たとえば、1週間前のレストランのレシートを見ても、誰とどこで何を食べたか、思い出せないことがあります。私は、そういうお金の使い方はもったいない、と思っています。たかだか1週間で忘れてしまうようなお金の使い方なんて、意味のない支出だったという証拠です。

逆に、いつまでたっても思い出がよみがえるようなお金の使い方もあります。そんなお金の使い方ができたら最高です。

また、1週間分を見直してみて、

「数あるコンビニエンスストアの中で、ローソンを使用する回数がやたらに多い」

と気付いたこともありました。ステルスマーケティングをしているわけではありませ

手順１

１か月レシートを集める。

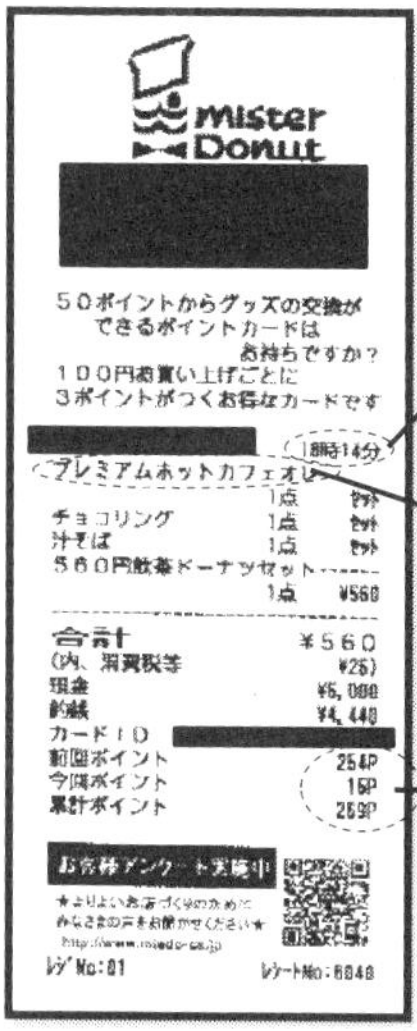
mister Donut

[redacted]

50ポイントからグッズの交換ができるポイントカードはお持ちですか？
100円税込い上げごとに3ポイントがつくお得なカードです

[redacted] 18時14分

プレミアムホットカフェオレ 1点 セット
チョコリング 1点 セット
汁そば 1点 セット
560円飲茶ドーナツセット 1点 ¥560

合計 ¥560
(内、消費税等 ¥26)
現金 ¥5,000
釣銭 ¥4,440
カードID [redacted]
前回ポイント 254P
今回ポイント 15P
累計ポイント 269P

お客様アンケート実施中
★よりよいお店づくりのために みなさまの声をお聞かせください★

レジNo:01 レシートNo:6040

時間は18時14分。夜ご飯を麺とドーナツで済ませている（笑）
↓
もう少し健康面に注意！！

カフェオレやコーヒーはお代わり自由。ゆっくりできてありがたい！

ポイントカードを持っている数少ないお店。ポイントもチェック

なぜか多いローソンのレシート
↓
よく利用しているなら、ポイントカードの検討の余地あり

スナック菓子とジャスミンティーを併せて購入
↓
家に帰って、ジャスミンティーを飲みながらスナック菓子を食べたのだということがよくわかる
↓
ストレスがたまっている証拠。もう少し違う食べ物で解決しよう……

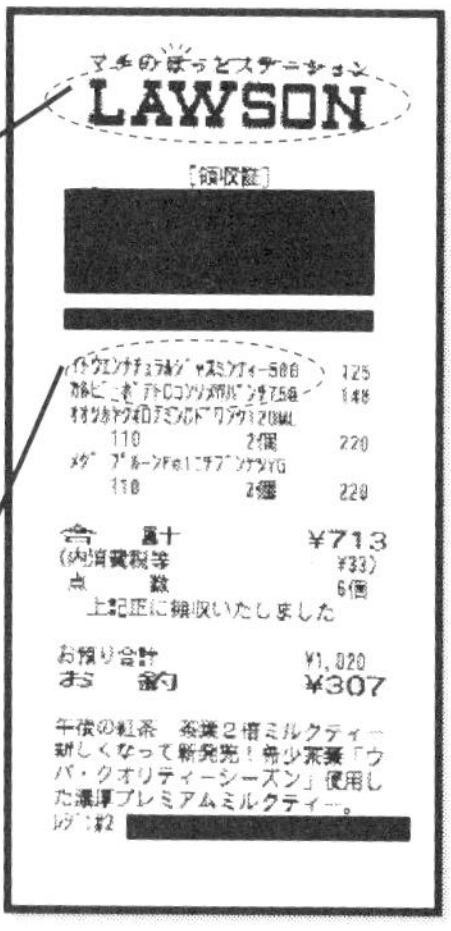
マチのほっとステーション
LAWSON

[領収証]

[redacted]

110 2個 220
110 2個 220

合計 ¥713
(内消費税等 ¥33)
点数 6個
上記正に領収いたしました

お預り合計 ¥1,020
お釣 ¥307

午後の紅茶 茶葉2倍ミルクティー 新しくなって新発売！希少茶葉「ウバ・クオリティーシーズン」使用した濃厚プレミアムミルクティー。
レジ#2 [redacted]

んよ（笑）、本当に多いのです。家の近く、オフィスの近く、クライアントさんの近く……。選んでいるわけでもないのに、コンビニエンスストアのレシートの中で9割超がローソン。

2012年のコンビニ店舗数は、

1位セブンイレブン1万4807店（12月末時点）

2位ローソン1万457店（2月末時点）

3位ファミリーマート9201店（11月末時点）

ですから、店舗数だけの問題ではなさそうです。

それならば、いっそローソンでポイントカードを作って、できるだけローソンで買い物をするのもよいなと考えるわけです。

毎日、そして1週間ごとにレシートを見直したら、さらに1か月分のレシートもまとめて見直してみてください。やはり新しい気付きがあるものです。

もしかすると、レシートの枚数に驚くかもしれません。

私のとある1か月分のレシートは54枚ありました。わが家では、生活費は夫婦で共通の生活費口座と生活費財布を作って管理しています。54枚というのは、生活費のレシートは含まない枚数です。会社の経費の立替分のレシートも含んでいません。

この枚数を多いと思うか少ないと思うかは人によって違うかもしれませんが、私は多いと感じました。書籍代もお客様との会食代も会社の経費として精算できる場合がほとんどであるにもかかわらず、それ以外に、１日２回近く買い物をしているということですから。

買い物回数が多いこと自体が悪いとは限りませんが、そういうときはえてして無駄遣いも多くなります。レシートの枚数を見て、さらには内容を見てみれば、無駄遣いが見えてくる可能性があるというわけです。

実際、この月は珍しくスナック菓子を頻繁に購入していました。実は、非常に忙しく、スナック菓子をいただきながら遅くまで起きている日が多々あったのです。しかもコンビニエンスストアで購入していますから、本当に無駄！

忙しさとそれに伴って夜食をいただくことは仕方ないとしても、もう少し工夫すべきだったと反省しました。また、健康面にも気遣うべきでした。そこで、その後は、夜食はヨーグルトや温かいスープなどに切り替えるようにして、経済面、健康面、どちらも健全になりました。

レシートは、生活を変えるきっかけを作ってくれるのです。

レシートは封筒に入れる

レシートは、毎日お財布から取り出し、ざっと見直したら封筒に入れていきましょう。

このとき、

①会社経費を現金で支払って立て替えた分
②会社経費をクレジットカードで支払って立て替えた分
③自分のお財布から現金で支払った分
④自分のクレジットカードで支払った分や預金からの引落にした分

手順１

１か月レシートを集める。

の四つの封筒を作って、分類しながら集めてみてください。

「会社経費の立替がまったくない」

という方は③と④の二つに分類するということになります。

会社経費の立替は、あくまでも一時的な支出であって、最終的に自分のお金が減るわけではありません。そのため、きちんと分別しておく必要があります。

お財布からお金を出して支払ったときはもちろん、電子マネーで支払ったときのレシートやクレジットカードの利用控えもすべて集めてください。預金口座から引落になる携帯電話代の利用明細もです。そしてお財布からお金を出したときや電子マネーで支払ったときのレシートは③に、クレジットカードの利用控えや携帯電話代などの引落に関するレシートは④に入れておいてください。

お金の使い方に関する絶対的なルール

お金についての相談を受けたとき、

「何にいくら使うとよいですか？　食費は一人1か月いくらくらいが妥当ですか？　家賃は収入の3分の1が目安ですよね？」

といった質問をよくいただきます。

たしかに、家賃の目安や食費の目安などがあるとお金を使いやすくなり、安心かもしれません。家計の平均データなども、存在しています。

でも、人の暮らしはそれぞれです。価値観も環境も違います。そんな中で、目安や平均にどこまで意味があるでしょうか。

お金の使い方に正解はありません。それぞれが使いたいように使えばいいのです。

「使いたいように使う」が正解です。

とはいえ、守るべきルールはあります。それは、

収入＞支出

であること。

収入以上の支出をするためには、借金をしたり誰かにお金をもらったりする必要があります。それでは、自分の力で生活を成り立たせているとはいえません。

一生を通じて「収入＞支出」となることが絶対のルールです。でも、その内訳は人それぞれでよいのです。

やっぱり大切なのは無駄遣いをなくすこと

お金の使い方についてのルールをあえてもう一つ挙げるとすれば、

無駄遣いをなくすこと

です。

ちなみに、

「無駄遣いして楽しかった〜」

と感じるようなケースは、ここでいう無駄遣いではありません。
購入したけれど使わないまま押し入れで忘れ去られた健康グッズのように、

「購入しなくてもよかった」

「他のものを買えばよかった」

など、満足につながらなかったお金の使い方のことです。

お金に関する絶対的なルール、

収入＞支出

を守っていれば、お金をどのように使うのも自由です。つまり、人生とお金の問題というのは、生涯の収入をどのような支出に充《あ》てるかどうかだけの問題だともいえます。
自分にとって意味のある、幸せを感じるお金の使い方をする。それが、限られたお金を上手に使うということです。生涯の収入という限られたパイを、もしも無駄遣いに配分してしまったら、幸せも楽しみも手放すことになるのです。
日々、どれだけ無駄遣いを撃退できるかが、上手にお金を使う第一歩。実は、**レシートは、無駄遣いに気付かせてくれる強力なツールなのです。**

すべてのレシートを忘れずに受け取る方法

早速、今日から、レシート集めを始めてみてください。コンビニでお昼ご飯を買ったときのレシート、スーパーで食材を買ったときのレシート、ATMでお金をおろしたときのレシートなど、ありとあらゆるレシートを忘れずに受け取ってください。

それだけでは足りません。自動販売機で何かを購入した際にも、忘れないでください。

「え、自動販売機でもレシートをもらえるの？」

という声が聞こえてきそうですが、原則として領収証はお願いすれば受け取ることができます。ざっくりとした言い方になりますが、

「お金を支払った場合には領収証の発行を請求できる。領収証をもらえない場合にはお金を支払わなくてもよい」

という規定（と判例）が民法にあるのです。

自動販売機などで商品を購入した場合もそれを設置しているお店に頼めば領収証を発

行してもらえる可能性はあります。電車の切符を買ったような場合には、窓口に行けば領収証を発行してもらえます。

とはいえ、それはかなりの手間ですよね。

一般的にレシートを受け取りにくい場合にまで領収証を受け取れと言いたいわけではありません。手帳や携帯にメモをしておいて、後で金額と内容がわかるようにしてあればOKです。

こうして**すべてのレシートを集めるからこそ、支出のすべてをレシートによって「見える化」でき、見直すことも可能になる**のです。

それだけではありません。**レシートをもらえない支出についてメモを取るという作業自体が、無駄遣い撃退につながる**のです。

自動販売機でジュースを買うなどといったレシートをもらえないような出費は、店員との接触もないため記憶に残りにくく、無駄遣いにつながりやすいもの。電子マネーでピッと購入できたらなおさらです。そこで、メモを取ることで、無駄遣いに気付ける可能性が高くなるというわけです。

お金持ちといわれる人の中には、自動販売機にお金は入れない主義、つまり自動販売機は使わないという人もいます。値段のこともよく考えずにお金を使ってしまう悪魔の箱なのです。

このように、**レシートを必ずもらうというルールにしておけば、レシートをもらえない出費にも敏感になります。**缶コーヒーを毎日５本も６本も飲んでいた、といったような、あまり気付いていなかった浪費に気付くこともあります。たかが缶コーヒーと思っても、１日１本減らせば、１か月２、３０００円がすぐに節約できます。

自動販売機の利用のように、通常は領収証を受け取らない支出を私は「ノーレシート支出」と呼んでいますが、ノーレシート支出の中に、無意識の浪費が潜《ひそ》んでいることが多いのです。

交通費は必要経費ではない

ノーレシート支出の中で、額が大きくなりがちなものの一つが交通費です。今やスイカやパスモといったＩＣカードでピッと通過する時代ですし、切符を購入した際も領収証はもらわないことが多いでしょう。そこできちんとメモを残して、無駄遣いがないか気を付けることが大切になります。

「交通費は仕方ないじゃない？」

「必要経費だから削減しようがない」

と反論されることもありますが、そういう考えが怖いのです。

コンサルタント仲間と、

「経費はギリギリまで削っていてもう削るところがない、と言っている会社に限って無駄が多い。まだ削れるところがあると思うのですが、と相談にくる会社は本当に無駄がない」

という話で盛り上がったことがあります。

これは、個人のお金にも言えることです。

「交通費に無駄遣いなんてない。移動費は常に必要経費だ」といった思い込みが無駄遣いを生んだり、無駄遣いに気付かない原因になったりするのです。

たとえば、安いアウトレットモールに行ったつもりが、交通費がかかって実際にはあまり安く買えていないということはよくある話です。

友達付き合いを否定するつもりはありませんが、本当にそれだけの交通費と食費を支払ってもよい楽しい時間だったか疑問が残る場合もあるでしょう。

誰かがごちそうしてくれたのはよいけれど、実はそこまでの交通費がいつもの食費以上に高かったなどという事実から目をそらしていませんか？

もちろん金額で測ることのできない価値はあります。でも、金額で振り返る冷静な視点は絶対に必要です。私たちにとってお金は限りあるものなのですから。

手順2

カードの利用明細もレシートとして集める。

レシートで無駄遣いを防止する

ここではさらに無駄遣い対策について考えていきましょう。

無駄遣いといえば、それを引き起こす原因の一つがカードの存在です。カードといっても、クレジットカード、銀行のキャッシュカード、お店のポイントカードなどいろいろありますが、それら全部が無駄遣いを引き起こす可能性をはらんでいます。

まずはクレジットカード。これは説明しなくてもわかりますよね。お財布の現金を減らすことなく、所持金を気にすることなく簡単に買い物ができてしまうのですから。インターネット通販などでは、サインや暗証番号の入力すら必要ない場合もあります。この気楽さが、買わなくてもいいものまで買ってしまう無駄遣いを引き起こすのです。

売る側になると、クレジットカードの威力を実感します。銀行振込だったら売れなかった商品がクレジットカード決済を導入しただけで売れるようになるのです。買う側の心のハードルを下げる力がクレジットカードにはあります。

クレジットカードによる無駄遣い防止にもレシートが役立ちます。クレジットカード

手順２
カードの利用明細もレシートとして集める。

を利用すれば、月に1度、カード利用明細が届きますが、それとは別に、カード利用控えをレシートとして集めてください。引落は来月以降でも、「今月のレシート」として集めましょう。インターネット通販を利用した場合には、購入画面やメールを印刷します。

カード利用明細を見て、

「あれ？　これは何だっけ？」

「こんなに使ったかな？」

と驚いた経験のある人は私だけではないと思います。内容がわからない場合もありますし、締日の関係で想定外の金額となっている場合もあります。

それに対して、

「自分がカードを使った日」

の控えでレシートを集めれば、内容もわかりますし、引落のタイミングに振り回されることもありません。

ちなみに、

「今月はお金がないから、カード払いで済ませて来月引き落とされるようにしよう」という発想はとても危険。単なる支払いの先延ばしは、翌月以降のお金が不足するだけのことです。

結婚式が重なって一時的にご祝儀《しゅうぎ》の支払いが多額になった、電気製品を買った、といった**特殊な事情に対しては、貯蓄で備えておかなくてはなりません。**これをリボ払いなどで先延ばしすれば、赤字国債の発行と同様、ツケを将来に残すだけ。元本の支払いはもちろんのこと、利息や手数料も必要になり、日々の節約の努力など、すぐに吹き飛んでしまいます。

クレジットカードは上手に利用すればポイントが貯まったり、利用明細によって内容を総括できたりする便利なツールです。でも、給料日前になるとお金がない、という人は、そもそも現金ですら管理しきれていないということですから、クレジットカードの利用はお勧めできません。

実は私は、基本的に国内ではクレジットカードを使わないことにしています。買い物のためのお金が必要になったら預金からお金を引き出せばいいだけ。デパートの中にA

手順２
カードの利用明細もレシートとして集める。

ＴＭが設置されているケースも多いですし、預金からお金を引き出しにいく間に、

「やっぱり買う必要ないや」

とクールダウンできることもあります。そうなれば、たいして欲しくもないものを買わずに済むわけです。

その上、クレジットカードを利用すると、

「今、預金残高はこれだけあるけれど、後から引き落とされる分はとっておかなくては」

という計算をしなくてはならず、面倒です。ネット通販と携帯電話代の支払いにはクレジットカードを利用していますが、それ以外は年に数回しか使いません。

カード利用控えを集めると、そのたびに、

「あ、またカードを使ってしまった」

と気付くようになり、カードの過剰な利用を防止できます。

クレジットカードのリストラをしよう

そもそも、自分が何枚クレジットカードを持っているか知っていますか？　**クレジットカードを5枚以上持っているようでしたら、クレジットカードのリストラをお勧めします。**

百貨店、金融機関など、あちこちでクレジットカードの勧誘が行われています。言われるがままにカードを作成したら大変なことになります。

ネット通販や海外旅行などでは、クレジットカードがないと不便ですから、1枚は持っていたいもの。でも、サラリーマンの平均年収が400万円のこの時代に、5枚も6枚もカードを持ったところで、何の意味もありませんし、かえって危険です。

クレジットカードの利用限度額は、10万円くらいから上限なしまであります。一般的には限度なしというカードは作れませんし、カード利用限度額は年収などに応じて設定されますから、それで使いすぎを防止することはできます。でも、**カードを何枚も持てば、年収以上の消費も可能になりとても危険です。**

手順２
カードの利用明細もレシートとして集める。

仕事柄、自己破産の現場に立会うことがあります。多くの場合、最初は翌月すぐに返済できる程度のカード利用からスタートするものです。それがだんだんと恒常化し、そのうちに「カード限度額までは自分が使えるお金」だと勘違いしていくのです。そして気付いたときには返済できないほどの借金になっていたりします。

クレジットカードの利用価値は、現金を持ち歩かずに済むことと、ポイントなどの優遇があること。支払いが後になるというメリットはありますが、カードを利用しても収入は増えませんので、単なる時間のズレの問題です。経済理論的にはこの時間のズレが大きな意味を持ちますが、個人のお金ではそれも考えにくい。

「カードの支払いまでの間に、その資金を運用して儲《もう》けるぞ！」

ということでもなければ、時間のズレには何のメリットもないのです。それどころか、利用と引落の時間のズレが生じる分だけ管理が面倒で、デメリットと考える方が自然です。

結局、よほどのお金持ちでない限り、１枚のカードに絞って利用するのが賢い方法だと言えそうです。管理もラクですし、利用によって貯まるポイントも集中しますからね。

1か月分のレシートを集めて、一番よく使うお店で一番ポイントが貯まるカードを探してみると、よいクレジットカードが見つかることもあります。

海外旅行などに行く場合に備え、もう1枚くらい持っておいてもよいかもしれませんが、いろいろな優遇につられて何枚もカードを持っているとしたらナンセンス。

カードの特典など、せいぜいカード利用額の1%から2%。一時的なキャンペーンでもせいぜい10%といったところでしょうから、年間100万円利用したとしても、数万円の効果しかないのです。カードを何枚も持ったら、その効果が分散するだけです。

その上、年会費の必要なクレジットカードだとしたら、特典を「会費」という名目で購入しているだけかもしれません。

本当に必要なクレジットカードだけを残す。その枚数は、人によって違うでしょうけれど、1枚か2枚あれば不便はありません。

マイ限度額を設定しよう

クレジットカードを使い続けると、限度額が引き上げられることがあります。クレジットカード会社からそんな通知を受け取って、

「信用力が増したんだな」

「評価が上がった」

と喜んでいては危険です。**カードの利用限度額が上がっただけで、収入が増えたわけではありません。**むしろ、無駄遣いの可能性が高くなる、と警戒すべきです。

そして、カード会社の限度額に振り回されることのないよう、

「マイ限度額」

を設定することをお勧めします。

マイ限度額とは、自分で決めたクレジットカードの１か月の利用限度額です。

私自身は基本的にカードを利用しないことにしていますが、どうしても利用する場合には、１か月10万円というマイ限度額を設定しています。そう決めておくとクレジット

カードを利用しようとするたびに、

「あれ？　今月はどれくらい使ったっけ？」

「これは本当に必要かな？」

と立ち戻って考えることができます。手持ちのお金がなくても支払いができるクレジットカードは、買うか買わないかの判断を甘くするからです。

家の中を見回してみてください。

読まないまま積み上げられている書籍、存在すら忘れていた洋服、ほとんど使わなかったフィットネスグッズなどが転がっていませんか？

ネット通販でのくだらない買い物も、「マイ限度額」を設定すると1回1回のカード利用のハードルを意識的に上げることができます。

なお、**クレジットカード会社に連絡すれば、クレジットカードに設定されている利用限度額自体を下げることもできます。**

普段使いのクレジットカードは低い金額に設定してもらい、海外旅行用などを少し高めのまま維持する。クレジットカードによる無駄遣いの誘惑に負けないように「限度額」で武装しておくのです。

１週間に１回、ＡＴＭを使う曜日を決める

ＡＴＭでお金を引き出したとき、預金残高を見て、

「あれ？　思ったよりも残高が少ないな？」

と思ったことはありませんか？

銀行のキャッシュカードも、無駄遣いを引き起こす可能性を秘めています。

「あ、お財布にお金がない」

と思ったら、キャッシュカードを使ってＡＴＭで引き出せばいいのですから、

「お財布にお金がないから、また今度にしよう」

という抑制がきかなくなるのです。

キャッシュカードがない時代は、いちいち銀行の窓口に行ってお金をおろさなくては

なりませんでした。お金をおろして使うことへのハードルは、それだけで高くなります。私が子供だった頃、母は、

「明日は銀行に行く日」

と決めて、通帳と印鑑を用意して、いくらお金を引き出したらいいかを計算してから出かけていったものです。

それに対して、ＡＴＭは本当に手軽！

今やコンビニエンスストアにも当たり前のようにＡＴＭが設置されていますから、お金をおろすハードルはどんどん低くなっています。

ＡＴＭを利用するなとは言いませんが、**１か月分のＡＴＭの利用票を集めて眺めてみたときに、頻度が高かったり１回ごとの引出金額がバラバラだったりしたら要注意。**お財布にお金がなくなったらその都度補充しているという可能性が高く、気付かないうちに無駄遣いの癖《くせ》がついてしまうからです。

日常的な無駄遣い癖をつけないためには、

①簡単に買えない仕組み

手順２
カードの利用明細もレシートとして集める。

②お金の使いすぎにすぐに気付ける仕組みを作っておくことが大切です。

まず、簡単にお金をおろせないようにしておけば、簡単に買えなくなります。たとえば、キャッシュカードをお財布に入れなければ、簡単にはお金をおろせなくなりますよね。

とはいえ、キャッシュカードをお財布に入れないわけにもいきません。そこでお勧めなのは、

「お金をおろす曜日」を決めておくこと。これだけでも、それ以外の日にお金をおろすことに対する心理的な抑制が働きます。

また、どうしても、他の曜日にお金を引き出す必要が生じた場合には、いつもよりお金を使っているという状況にすぐに気付くことができます。

もちろん、

「今週末は友人の結婚式がある」

「明日から出張」

など、特別な事情がある場合には、それに合わせて引き出せばOK。そうした目的に合わせて引き出すのであれば、ATMの利用票を見ただけで、なぜお金を引き出したのか、どうしてそういう残高なのか、思い出しやすくなるでしょう。

日常的に使うお金は、

「今日はATM曜日！」

と決めて引き出すようにすれば、簡単に買いにくく、使いすぎにもすぐに気付くことができ、日常的な無駄遣いの防止になります。

ATM曜日を決めれば、必然的に、引出手数料の削減にもつながるでしょう。手数料のかかる時間帯にあわてて引き出すということがなくなりますからね。

ATM曜日、ATM時間を決めてお金を引き出す。ATM利用票をもらって1回1回確認することで、そのルールを守れるようになっていきます。

ＡＴＭ曜日に支出分だけ引き出す

ＡＴＭ曜日の他にポイントになるのが引出額です。

繰り返しになりますがＡＴＭ利用票を眺めたとき、引出額がバラバラの場合には要注意。通常は１か月に使えるお金は決まっているのですから、１日に使えるお金もおのずと決まってきます。引き出せる金額もある程度決まってくるはずなのです。

給料の手取りから、家賃、水道光熱費、電話などの通信費が支払われることになりますが、さらにその他の月々必要となる金額を差し引いて、それを30日で割れば、１日に使えるお金が導き出されます。

いったい、いくらになるでしょうか。

その金額も把握していないのに、適当な額をその都度引き出していたら、よほどの収入がある場合を除き、すぐにお金が足りなくなってしまいます。

１日に使える額を計算し、１週間分をＡＴＭ曜日に引き出す。そうすれば、お財布の中身を管理するだけで無駄遣いの防止になります。

お財布にお金が入っているとついつい使ってしまう、という人は、

「毎日1000円おろす」

という方法もよいかもしれません。

何よりも、**お金の引出に関してルールを作ることが大切**なのです。

なお、定額を引き出すのではなく、1週間の予算を作った上で、支出分だけ補充するという方法もあります。

たとえば、1週間の予算を1万円にするとしましょう。このとき、ATM曜日には、お財布の中身が1万円になるように引き出すのです。

つまり、まず、1万円を引き出して1週間がスタート。今週は7000円使って、3000円がお財布に残っている。

そこで、次は7000円を引き出して、お財布の中を1万円にしたところで、1週間がスタート。この週は9000円を使って、1000円がお財布に残る。

そこで、次は9000円を引き出して、お財布の中を1万円にしたところで、1週間がスタート。

手順２
カードの利用明細もレシートとして集める。

こうしていけば、お財布の中のお金を管理しているだけで毎週予算内の生活ができますし、予算内で過ごせればお金は自動的に貯まっていきます。

実はこれ、企業の小口現金の管理の際に利用されている方法で、「インプレストシステム」と言います。使った分だけを補充し、補充した直後に予算額になるようにすることで、お金の管理をしやすくするのです。また、予算以上の出費がある場合には、上司の判断が必要になるため、不正や無駄遣いの防止にもなるわけです。

個人のお金について使った分だけ1円単位まで正確に補充する必要はありませんが、予算内での生活を簡単にできるようにするために、

「ATM曜日に一定額を引き出す」

もしくは、

「ATM曜日に前の週に使った分を引き出す」

というルールを設けることは有用です。

ちなみに、91ページに私の預金口座を掲載していますが、私は週に1回3万円をおろすことを基本にしています。そういうルールを決めておくと、イレギュラーな支出があ

っても預金通帳を見ただけでわかるようになってきますよ。

たとえば、次ページのATM利用票を見てください。私は週に1度3万円を引き出すことにしていますが、この日は5万円となっています。

これは、週末の出張に備えるためだと日付と金額からすぐにわかるわけです。なお、お金を引き出した後の残高について、

「だいたい5万円くらいになるはず」

と計算していましたが、4万8420円だったので、安心しました。

もし残高が自分の認識とズレているようであれば、すぐに原因を分析してください。最悪の場合、盗難だってありえます。

また、クレジットカードの引落や自動積立のための支出などはついつい忘れてしまいがちですが、それらをすべて支払った後の「残高」が本当に使える金額ですから、それを正確に把握しておくことはとても大切です。

手順 2

カードの利用明細もレシートとして集める。

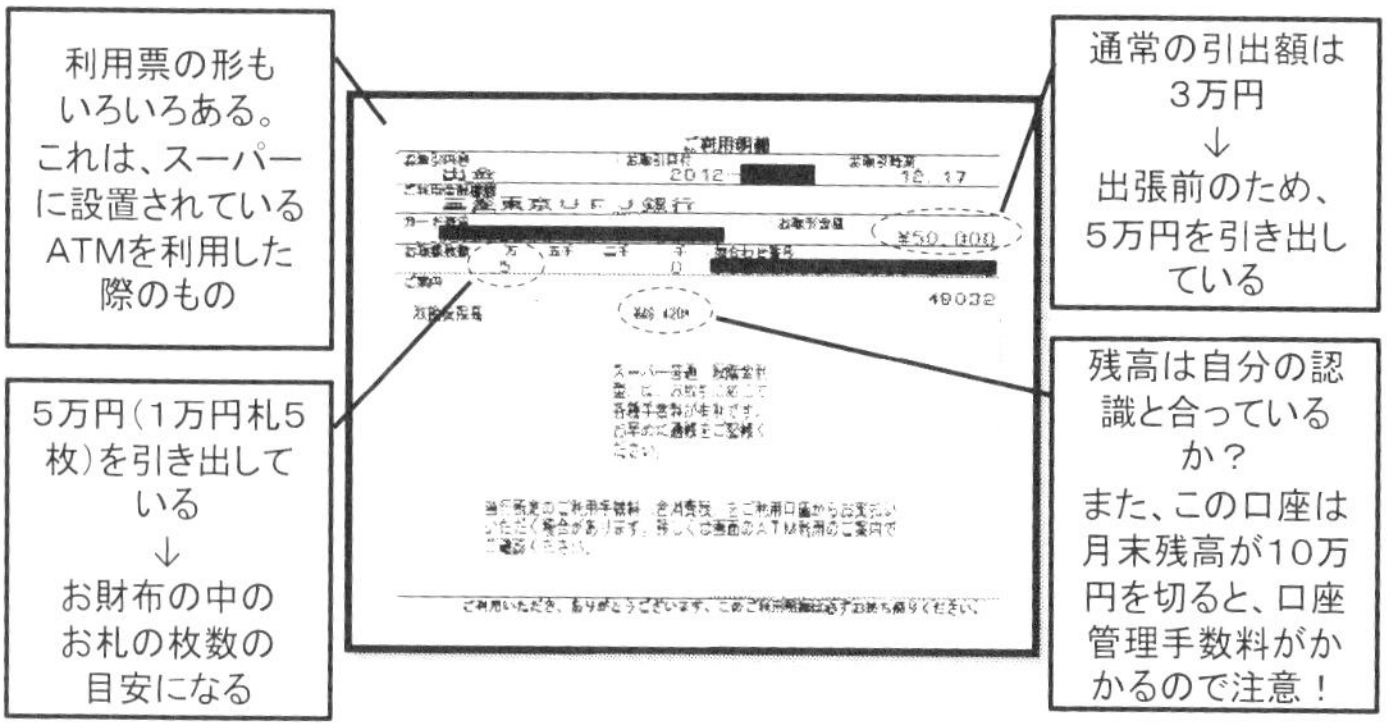
利用票の形もいろいろある。これは、スーパーに設置されているATMを利用した際のもの
5万円（1万円札5枚）を引き出している
↓
お財布の中のお札の枚数の目安になる
ご利用明細
通常の引出額は3万円
↓
出張前のため、5万円を引き出している
残高は自分の認識と合っているか？
また、この口座は月末残高が10万円を切ると、口座管理手数料がかかるので注意！

預金口座は三つでOK

クレジットカード同様、キャッシュカードを何枚も持っているようでしたら、リストラすることをお勧めします。

このリストラには二つの意味があります。

一つ目の意味は、預金口座そのもののリストラ。預金口座も、放っておくと意外と増えてしまうもの。学校指定の口座、職場指定の口座、家賃や管理費のための口座、ネットバンキングに有利な口座など、そのときどきに適した口座を開いていくと、自分で管理できないほどの数になることもあります。

もちろん、職場で指定された口座など、リ

ストラできない場合もありますが、通常は、**預金口座は一人で三つあれば十分。日常用、特別用、貯蓄用があれば、困ることはありません。**

日常用は、日常の収支を管理するもの。特別用は、ボーナスなどの特別な収入や、テレビなどの家電を買う場合の支出など、日常的でない収支を管理するものです。貯蓄用はその名の通り、貯めるための口座。

もちろん、預金が何千万円もある、という人は、銀行が倒産した場合に備えて、1000万円につき1口座になるでしょう。そういう悩みが出てきたら、その際は弊社にご相談ください（笑）。

近年は、預金口座も残高に応じたサービスを提供するものが増えてきました。残高に応じて預金の利率が高くなったり、ATM手数料の優遇があったりするなど、クレジットカード同様、一つの口座に集中させるのが一番得策なのです。

口座が多いと管理が大変です。一時期、ゆうちょ銀行の休眠口座を国庫へ、などという話が出ましたが、使わなければ口座の存在すら忘れ去ってしまうのが人間なのです。

余談ですが、NHKのウェブサイトにある情報によれば、日本の銀行口座は今、12億

手順２
カードの利用明細もレシートとして集める。

口座もあるのだそうです。休眠預金は毎年５４０億円以上発生するのだそう。預金口座を管理しきれていないことが本当によくわかります。

使っていない口座は解約する。持っていなくてもいい口座は集約する。そして、日常使いのものと貯蓄用とはきっちりと分ける。

日常の収支は日常用口座の預金通帳にできるだけ集約する。そうすれば収支が一つの通帳で「見える化」でき、無駄遣いもよく見えるようになります。

私は普段、93ページに掲載の通り、日常用と特別兼貯蓄用の２口座を利用しています。自分で言うのもなんですが、入出金がシンプルだと思いませんか？　２口座の残高も把握できますし、通帳を見ただけで１か月の収支をつかむことができます。

キャッシュカードは１枚に

キャッシュカードのリストラのもう一つの意味は、キャッシュカードそのもののリストラです。

日常使い口座以外は、キャッシュカードは必要ありません。キャッシュカードを何枚も持っていなくても、たいして不便はないものです。そして、キャッシュカードがなければお金を簡単に引き出せませんので無駄遣いも少なくなります。

通常は、銀行で口座を作る際、

「キャッシュカードはいりません」

と言えば発行されません。

私は今、二つの会社を経営していますが1社につき1口座しか持っていません。1社では、キャッシュカードを作っておりません。設立して5年以上になりますが、困ったことは1度もありません。業種や会社の規模にもよりますが、弊社では新規のクライアントに対して預金口座の整理を必ずと言っていいほど提案します。

すでに発行されているものについては、キャッシュカードのみの解約や停止の手続ができるはずですので、

「キャッシュカードはいらないなあ」

という口座があるようでしたら、銀行に問い合わせてみてください。

通帳を見直して大きな支出を目で確かめる

もう何か月も通帳記入をしていない……。

そんなことはありませんか？

できれば月に1度は通帳記入をしたいものです。もちろん、インターネットバンキングを利用して、毎月のデータを印刷するということでも構いません。

通帳記入や印刷というのはペーパーレス化している現代においては、時代遅れなのかもしれませんが、やはり、紙の威力は大きいものです。

スマートフォンやパソコン画面では、

「あれ？　この支出はなんだろう？」

と気に留《と》めても、スクロールして見えなくなると、そのまま放置してしまいがち。また、画面だけで見ていると、たとえば5000円も6000円も「5000円くらい」と片付けてしまうものです。それでは、通帳のデータを上手に生かすことはできません。

手間がかかっても、ぜひ印刷してみてください。

そして、**通帳を眺めて、大きな支出にはどのようなものがあるかを確かめてみてください。**

水道光熱費、電話代、保険料などいろいろな支出がある中で、家賃の支払いや住宅ローンの返済が大きな額になっている人は多いのではないでしょうか。

企業などで上手に経費を削減するポイントは二つあります。

一つは、大きな額の経費の削減ができないかを工夫すること。1万円の水道光熱費は、どんなに頑張っても、1万円以上の削減はできませんが、10万円の家賃は、1万円以上の削減の可能性を秘めています。大きな額の経費ほど、削減可能な額も大きくなるというわけです。

もう一つのポイントは、ラクに継続できる方法を採用すること。そう言うと、真っ先

手順２
カードの利用明細もレシートとして集める。

に水道光熱費の削減のために、常に電気を消す、という日常的な努力が思い浮かぶかもしれません。しかし、それに対し、家賃の安いところに引っ越しをするという方法もあるのです。こうすれば、日常の削減努力なしに経費削減の効果を持続できるというわけです。もちろん、水道光熱費についても、電気の契約アンペア数を下げる、蛍光灯を外してしまう、契約プランを変える、といった、ラクに継続できる方法もあります。

この二つのポイントは、私たちの日常にも応用できます。ちなみに次ページは我が家の電気料金のレシートです。９月分は金額が大きかったため、すぐに削減努力を開始。朝出かけるときに電子レンジのコンセントを抜くなどを積み重ね、５０００円以上の節約に成功しました。11月分はさらに減りました。また、「ご契約種別」「ご契約」にも注目してみましょう。こちらは、いろいろなプランがあり、上手にプランを選べば、月々数百円を簡単に節約できます。このレシートがあれば東京電力のウェブサイトから、シミュレーションもできます。

電気料金に限らず、契約内容そのものを見直す視点が大切です。

どうせ帰って寝るだけの家であれば、家賃の安い家に引っ越しをすることで、すぐに

1日分の使用量という視点も
大切

昨年10月分　7．69kwh/日
今年10月分　7．93kwh/日
少し増えている！

金額が大きいため、努力すれ
ばかなり節約できると判断
↓
翌月は5000円以上の削減
に成功！

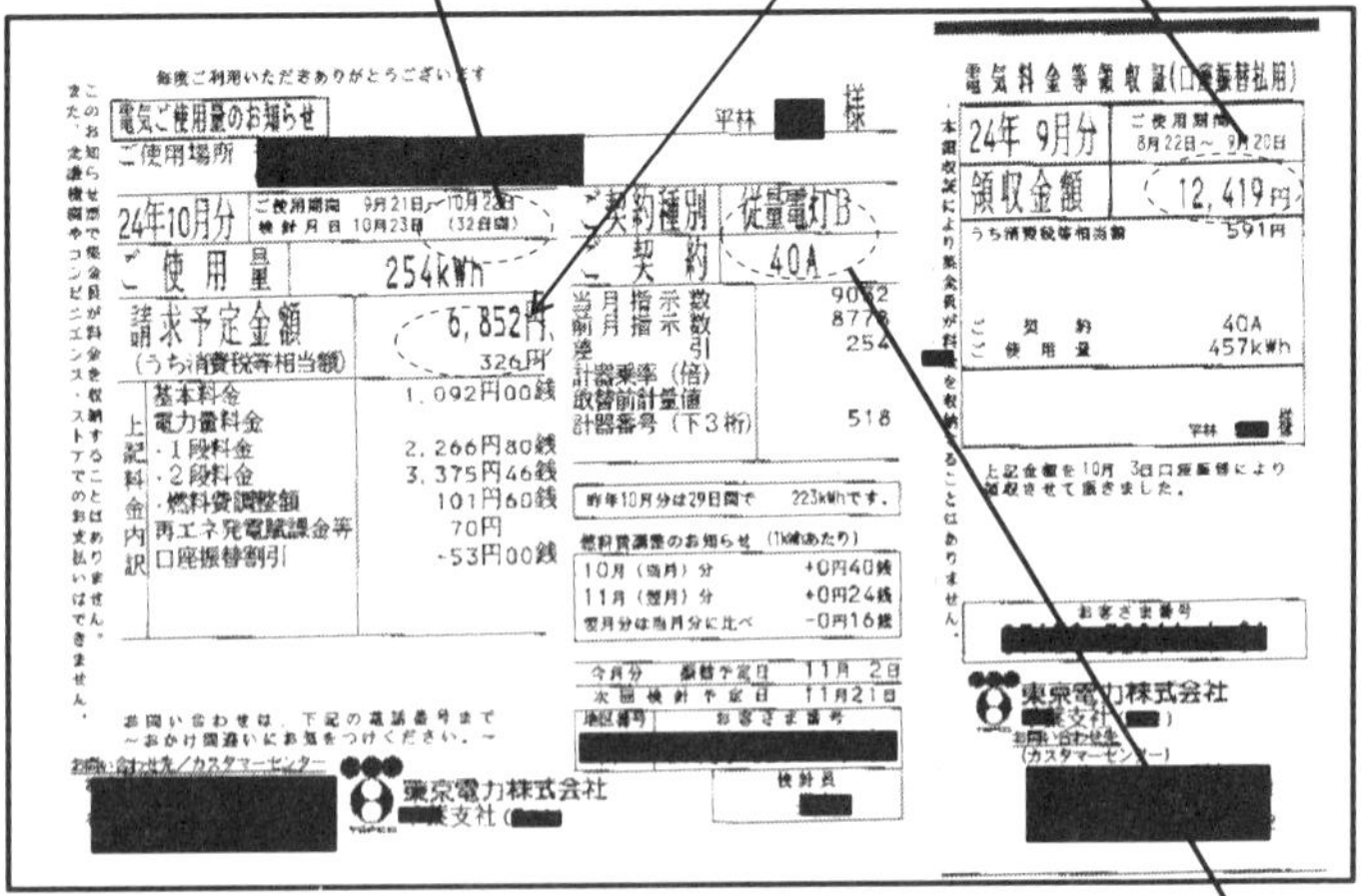

毎度ご利用いただきありがとうございます

電気ご使用量のお知らせ　平林[redacted]様

ご使用場所 [redacted]

24年10月分　ご使用期間 9月21日～10月23日　検針月日 10月23日（32日間）

ご使用量　254kWh

請求予定金額　6,852円
（うち消費税等相当額）　326円

上記料金内訳	
基本料金	1,092円00銭
電力量料金	
・1段料金	2,266円80銭
・2段料金	3,375円46銭
・燃料費調整額	101円60銭
再エネ発電賦課金等	70円
口座振替割引	-53円00銭

ご契約種別　従量電灯B
ご契約　40A

当月指示数
前月指示数
差引　254
計器乗率（倍）
取替前計量値
計器番号（下3桁）　518

昨年10月分は29日間で　223kWhです。

燃料費調整のお知らせ（1kWhあたり）
10月（当月）分　+0円40銭
11月（翌月）分　+0円24銭
翌月分は当月分に比べ　-0円16銭

今月分　振替予定日　11月2日
次回検針予定日　11月21日

地区番号　お客さま番号 [redacted]
検針員 [redacted]

お問い合わせは、下記の電話番号まで
～おかけ間違いに御注意ください。～
お問い合わせ先／カスタマーセンター
[redacted]

東京電力株式会社
[redacted]支社（[redacted]）

このお知らせ票で集金員が料金を収納することはありません。また、金融機関やコンビニエンス・ストアでのお支払いはできません。

電気料金等領収証（口座振替払用）

24年9月分　ご使用期間 8月22日～9月20日

領収金額　12,419円
うち消費税等相当額　591円

ご契約　40A
ご使用量　457kWh

平林[redacted]様

上記金額を10月3日口座振替により領収させて頂きました。

お客さま番号 [redacted]

東京電力株式会社
[redacted]支社（[redacted]）
お問い合わせ先（カスタマーセンター）
[redacted]

本領収証により集金員が料金を収納することはありません。

これらの契約内容に、節約のヒントあり！
契約種別は、電気をよく利用する家庭や商店向けの
従量電灯Cもあり、また、夜間の電力が安くなるような契約プランもある。
契約アンペア数は契約プランにもよるが10アンペア単位で変えられる。
※東京電力のウェブサイトで、このレシートのデータから
電気料金のシミュレーションができる！

手順2
カードの利用明細もレシートとして集める。

家賃の削減を実現でき、継続できます。

なお、住宅ローンについても、ちょっとした見直しで、多額の無駄遣いをなくすことができる可能性があります。それは、金利の見直しです。

住宅ローンのレシートは、毎月のように発行されるわけではありませんが、ローンを組んだ際に銀行から返済計画表といった書類が発行されているはずです。それを引っ張り出して、金利を確かめてみてください。

住宅ローンの金利は毎年のように変わります。そして、そのときどき、キャンペーン金利などがあったりしますから、借り換えまで視野に入れて見直してみると、簡単にローンを削減できることがあります。

ただし、住宅ローンによる税制優遇を受けている場合には、借り換えることで受けられなくなる可能性がありますから要注意です。また、借り換えによって、保証料など新たな手数料が必要になることもありますから、総額で考えることが必要です。

まずは、現在の借入先の銀行に相談に行くことをお勧めします。

「もっと低い金利になりませんか?」

という相談に応じてくれることもあるようですよ。

住宅ローンの利息は数千万円という元本に対するものになりますので、金利が0・1%低くなるだけで、単純に計算しても、年間数万円の削減につながります。一般的に住宅ローンは、元利均等返済（ローン期間全体で利息総額を計算し、毎月の返済額が元本と利息を合わせて一定になるようにする返済方法）になっていますから、ローン期間全体ではかなりの額の削減が可能になります。

なお、他に、一般的に大きな支出となるものといえば保険料です。実は保険も年々変わるもので、よりリーズナブルな商品が次々に開発されています。頻繁に保険を変えるのはあまり得策と言えませんが、まったく同じ保障内容でも、保険料が安い保険が開発されている可能性があるのです。

保険にもいわゆるレシートはないかもしれませんが、保険証券や計算書があるはずです。それを見直してみましょう。

保険会社が異なれば、同じような保障内容で保険料が異なる商品も存在します。

現在では、さまざまな保険会社の商品を比較してくれる保険代理店がありますので、

手順２
カードの利用明細もレシートとして集める。

保険証券や計算書を持って相談に行ってみるのもお勧めです。

レシートを見直して契約そのものという原点に立ち戻ってみると無駄遣い削減のヒントが見つかるのです。

ポイントは「無料の特典」ではない

レシートに記載されているのは金額だけではありません。ときには、商品の広告やお店からのメッセージなどもレシートに印字されています。

また、ポイントが記載されていることもあります。このポイントを毎回確認していますか？　もしあまり気にしていないようなら、これからはぜひ、確認してください。

「ポイントカードはお持ちですか？」

という言葉を１日に何回も耳にすることからもわかるように、多くのお店でポイントカードが発行されているのですから、利用しない手はありません。

とはいえ、クレジットカードや銀行のキャッシュカード同様、自分で管理できる枚数には限界がありますよね。本当に特典をもらえるほど貯められるカードは10枚には届かないのではないでしょうか。

ポイントカードについては、本当に欲しいプレゼントがもらえる、本当によく利用するお店で実際にポイントも利用する、というもの以外は、お財布やカードケースの邪魔になるだけ。

レシートを見て、ポイントがどれだけつくものなのか、ポイントを本当に利用するかを検討しリストラすることをお勧めします。

ポイントカードを持っていると、ポイントを貯めたいがために、いらないものまで購入してしまう、ということもあります。ポイントカードはこういった無駄遣いも引き起こしやすいのです。

ポイントが貯まって何かがもらえる、となると、とても得した気分になるかもしれませんが、お店がそれだけのポイントを付与できるということは、それだけ儲かっているからに他なりません。つまり、私たちがポイント分のお金も支払っているにすぎないの

手順2
カードの利用明細もレシートとして集める。

です。もしくは、すべてのポイントが利用されるわけではないという前提で付与しているのです。

もちろん、

「ポイントはいりませんから、その分安くして」

という要求は通りませんが、本当に必要なものを購入するお店で、本当に役立つポイントを集めるのが得策です。

3000円買い物するより駐車料金を払う

食材や日用品の買い物で3000円を超えるレシートがあったら無駄遣いがないかを見直してみましょう。

3000円は、百貨店などで、

「3000円以上お買い上げ時に駐車場2時間無料」

という基準にされる額です。ということは、百貨店がお客さんに、

「3000円は買ってほしい」

と希望していると考えることもできます。そうだとすれば、多くの人の買い物が3000円に到達していないとも考えられます。

買い物の金額が3000円を超える場合は、人より多く購入している可能性があるということですから、よく見直してみることに価値はあります。

なお、購入額に応じて無料サービスを受けられるような場合に、

「あと1000円買えば3000円になるから」

と、無駄な1000円の買い物をして、500円の駐車場料金を浮かせようとしたら、結局は500円の無駄遣い。

そんな駐車場料金をケチるくらいなら、そもそも車を所有するかどうかを見直す方が手っ取り早い解決になります。実際には、車を維持するために、もっともっとたくさんのお金がかかっているのですから。

駐車場料金以外にも、

手順２
カードの利用明細もレシートとして集める。

「1万円以上購入するとプレゼント」
「1000円以上の利用でワンドリンクサービス」

など、サービスという名のトラップがそこここに張り巡らされています。それを楽しく利用するならよいのですが、ポイントや特典のために、わざわざ何かを購入してしまうのは、無駄遣いの典型パターン。

ポイントや特典は、あくまでもプラスアルファのものとして考えなくてはなりません。

準備不足をコンビニで補ってはいけない

家の傘立てを見たらビニール傘が何本もあった。
冷蔵庫を開けたらお茶やお水の飲みかけのペットボトルが何本もあった。
そんな経験ありませんか？

家にあるとわかってはいても、仕方なく購入してしまうものってありますよね。

でも、この、

「仕方ない」

という言葉こそ、無駄遣いを引き起こしかねない2大「無駄遣いワード」の一つ。

レシートを見たときに、

「仕方なく購入したもの」

「仕方なくお金を払ったもの」

が存在していたら、本当に仕方なかったのかどうかを真剣に考えてみましょう。

ビニール傘って、1本400円くらいしますよね。

「急な雨が降ったから仕方ない」

で済ませてしまうには、もったいないと思いませんか?

そもそも、折り畳み傘を持ち歩けばいいだけの話。1000円くらいでスーツのポケットにも入るようなコンパクトな折り畳み傘が売られています。

ビニール傘のように、ちょっと準備しておけば必要のなかった出費を、

手順２
カードの利用明細もレシートとして集める。

「仕方ない」

と済ませてしまうのは、本当に怖いことです。今の時代、お金を出せば、たいていの問題は解決できます。でも、それによって、準備や工夫を怠《おこた》る癖がつき、どんどんお金のかかる生活へと変化してしまう可能性があるのです。

仕方ない型の無駄遣いの初期症状は、気軽に立ち寄れるコンビニエンスストアで生じやすいもの。**コンビニエンスストアのレシートが月に20枚を超えるような場合、念入りにレシートをチェックしてみましょう。**

急な不幸があったために購入する不祝儀袋など、本当に仕方のないこともあると思いますが、折り畳み傘を常に持っておく、ハンカチやティッシュを忘れない、といった社会人としての準備を怠るたびにコンビニエンスストアで解決していたのでは、お金がいくらあっても足りません。

量販店だから安いとは限らない

コンビニエンスストアの商品はスーパーや量販店と比較して割高であることが多いです。

そのため、

「量販店で割安に購入している！」

という工夫をしている人も多いかもしれません。

でも、**量販店にも危険な落とし穴があります。単価は安くなるかもしれませんが、そもそもの購入量が多くなってしまうことがあるのです。**

たとえば、ビール1缶をコンビニエンスストアで購入するよりも、量販店で箱ごと購入すれば、1缶当たりの金額は、格段に安くなります。でも、この「1缶当たりの金額が安くなった」ことで、気軽に消費できるようになったらどうでしょう？

たとえば、1缶当たりを半額で購入できたとしても、1日の消費量が倍以上になったら、1か月のビール代はかえって高くなります。

手順２
カードの利用明細もレシートとして集める。

コンビニエンスストアで1日1缶購入して帰るということにしておけば、「1日1缶以上はやめよう」と思えても、量販店で購入すると、「安く買ってるんだし、たくさん飲んでしまおう！」と消費量もビール代総額も増えてしまう可能性があるのです。

そうなっては、本末転倒！

私は仕事が忙しいときにはオロナミンCをよくいただくのですが、量販店での買い置きはしないことにしています。量販店で購入すれば、1本当たりの額は安くなりますが、冷蔵庫に常備されると、消費量が増えてしまうからです。

面倒でも単価が高くなっても、1回1回、購入するのです。そうすれば、飲みすぎも防止できますし、無駄遣いも防止できます。

もし、**1本を高く買うことで消費量を抑《おさ》えることができるなら、それもまた、無駄遣いを減らす方法**になるのです。

ネット通販にも同じような落とし穴があります。まとめて買うと安くなるからと、お菓子やミネラルウォーターを大量に購入して、本当にお得だったと言えるでしょうか。

本当に必要なものを安く購入できたとき、初めてそれがお得な買い物になるのです。

食料品のレシートは冷蔵庫に貼って在庫管理

当たり前のことですが、安く購入できても全部使い切らないと意味がないということを忘れてはなりません。

たとえば、1キログラムの牛肉を2000円で購入できたら、100グラム当たり200円で少し割安かもしれません。でも、結局半分しか食べ切れず、残りは傷《いた》んでしまったとしたら、それは、100グラム400円のお肉と同じですよね。

もし、

「消費期限が切れて食品を捨てることがよくある」

と感じたら、**食料品のレシートを冷蔵庫に貼って、在庫管理をしてみてください。**

冷蔵庫の扉にレシートを貼り、すべて消費したものに線を引いて消していきます。食品を捨てた場合には、何をどれだけ捨てたかわかるようにメモしておきます。

そうすれば、本当に割安で購入できたのか、そうでもなかったのかが、はっきりと見

手順2
カードの利用明細もレシートとして集める。

えるようになりますよ。

バーゲンでの買い物についても同じことが言えます。安いからといって使わないものまで購入したら、結局は無駄遣いが増えるだけ。定価より安く買えたとしても、その時点では何も得をしていないのです。

「安く買えたなあ」と思ったときほど、レシートをしっかりと見つめてみましょう。

大切なのは、コンビニエンスストアの値段やバーゲン前の値段と比較して安く買えたかどうか、ではありません。本当に必要なものや本当に欲しいものを手に入れられたのかどうか、という観点でジャッジすることこそ大切なのです。

「仕方ない」「必要だから」を言い訳にしない

無駄遣いを引き起こしかねない2大「無駄遣いワード」の一つは、

「仕方ない」

ですが、もう一つは何だと思いますか？

それは、

「必要だから」

です。

もちろん、必要なものは、買わなければいけません。食料を購入せずに生きようとか、むちゃくちゃなことを言いたいわけではありません。

でも、気を付けないと私たちは、**たくさんの無駄遣いを、「必要だから」と片付けてしまいがち**です。

その典型例が「食費」です。「食費」と分類されれば、必要な出費だと認識してしまうでしょう。

では、食費って何でしょう？

ジュースは食費ですか？

手順2
カードの利用明細もレシートとして集める。

外食は食費ですか？

実は、食に関する出費を「食費」と分類した瞬間、あたかも、

「必要な出費」

であるかのように見えてしまうのです。

でも、実際には、ジュースを飲まなくても死なないし、外食にだって必要なものとたいして必要でないものがあります。

出費に「食費」という名前を付けた瞬間、その内容にかかわらず、必要経費に姿を変えてしまう可能性があるのです。

「教育費」や「自分への投資」にも同じことが言えます。

公立学校で徴収されるようなお金は、必要でしょう。

では、塾は？　習い事は？

「子供のためだから」

という言葉は、無駄遣いを必要経費に変えてしまう魔法の呪文《じゅもん》。子供のためになることはしたいという親の気持ちはよくわかりますが、それだけのお金をかける意味が本当

にあるでしょうか？

意味があるかどうかはやってみなければわかりませんが、それならなおさら、「本当に意味があると思える教育」にしかお金をかけるべきではないのです。使える額には限度があるのですから、どれだけ厳選してもしすぎることはありませんよね。

「自分への投資」もしかり。英会話スクールにちょこっと通っても、ほとんどの人が英語を話せるようにはならないことを、もうみんな知っています。だからといって無意味だとは全然思いませんが、それを、

「自分への投資だから」

「必要だから」

と正当化して、無駄遣いなのかもしれない現実から目をそらしてはいけません。

もしも、よりよいお金の使い方が他にあるとしたら、「役に立たないものにお金を払っている」上に「本当に使うべきところにお金を使っていない」という二重の無駄遣いになってしまう可能性もあるのです。

「とりあえずビール」をやめてみる

ところで、今さらのような気もしますが、そもそも無駄遣いとは何でしょうか。

「無駄遣いだったなあ」

と反省できたものは、間違いなく無駄遣いですね。ただ、これは自分で気付いているので、なくそうと思えばなくせます。

怖いのは、

「無駄遣いだった」

と認識できないもの。

ノーレシート支出を意識するようになると、この種の無駄遣いに気付けるようになります。

また、購入したけど使わなかったものや、払っただけの価値がなかったものも無駄遣いと言えるでしょう。

さらにもう一つ怖い無駄遣いがあります。それは、妥協してお金を使うことです。たとえば、友人とのティータイムに、本当に飲みたいものや食べたいものではなく、みなに合わせてオーダーをしてしまう、というケースがこれに当たります。

本当はパフェを食べたかったのに、無難にコーヒーで済ませたとしたら、これも一種の無駄遣い。同じような値段で、もっと高い満足を得られた可能性があるのですから。

「とりあえずビール」もしかり。サラリーマンを辞めてから、私はこの言葉をほとんど耳にしなくなりました。

もちろん、他人に合わせる、空気を読むということも大切で、そこまで含めて納得のいく使い方だったのであれば、無駄遣いではありません。

でも、何らかの理由で欲しいものが「買えない」場合の対処としては、

「買えるもので我慢する」

ではなく、

「買わない」

というのが一つの正解であり、無駄遣いをしないためのポイント。

本当に欲しいブランドの時計を買えないからといって買える時計で妥協すると、いつ

手順2
カードの利用明細もレシートとして集める。

までも、

「妥協した」

という気持ちにとらわれるのです。

お金を使ったことで不満を感じるなんて、お金に対して失礼です。それならば、本当に欲しいものを買うためにお金を貯める方が健全です。

欲しいものを買う。買うことができないのであれば買わない。妥協という名の無駄遣いをしていないか、レシートを見直してみてください。

「無駄遣いのことばかり気にしていたら、窮屈。お金のことでそんなに窮屈になりたくない」

という声も聞こえてきそうですが、そもそも、お金というのは収入以上には使えませんから、その制約をなくすことはできないのです。

そして、無駄遣いをすることで、制約はさらに強くなります。無駄遣いの分だけ使えるお金が減ってしまうのですから。

無駄遣いをなくすことは、生活を窮屈にしようという意味ではありません。

たいして欲しくもないものに、お金を使っているかもしれない。それなら、その無駄を排除することで、もっと楽しくお金を使えるのではないか、という提案なのです。

クレジットカードで家賃を払う

クレジットカードで家賃を支払える物件があることをご存知ですか？

実際、こんなサイトもあります。

http://home.adpark.co.jp/tokushu/card-bukken/

家賃をクレジットカードで支払えるのであれば、無理なくポイントを貯めることもでき、ポイントが貯まる分だけ、家賃の削減に近い効果があります。

月々数万円、1％でもポイントが貯まったら、意外とすごい金額になるものです。

これは家賃に限った話ではありません。自動引落になっているようなものであれば、カード払いにしても、現実的な手間は何も変わらず、クレジットカードのポイントが貯まることになり、無駄遣いをなくすのと同じような効果が得られる可能性があります。

たとえば、水道光熱費、固定電話代、携帯電話代、NHK料金はカード払いが可能です。クレジットカードで支払いができる保険もあります。水道光熱費は、カード払いにすると、銀行引落時の割引がなくなりますが、全部まとめてカード払いにするというのも検討してみる価値があります。

まずはポイントが貯まります。

それから、引落日の管理が簡単になります。バラバラの日付でいろいろな料金が引き落とされると、銀行預金残高を見ても、あといくら使っていいのかわかりません。それに対し、カード引落日に全部引き落とされておしまいになれば、預金の管理はラクになります。

また毎月のカード明細を見れば、月々の支出がよくわかるようになりますから、他の月との比較なども簡単にできるようになります。

さらに、銀行口座を変えたい場合に、カードの引落口座を変えるだけですべての処理が終わる点はとても便利です。

逆に、銀行引落による割引がなくなる、カードを変える際には面倒、一気に引き落とされるため残高不足になっていた場合に問題になる、といったマイナス面も考えられます。

クレジットカードを持つことによって支出総額が増えてしまっては困りますが、どうせ口座から引き落とされている各種料金であれば、カード払いにしたからといって新たな無駄遣いを生むわけではありませんので、メリットが十分にあると言えそうです。

手順3

レシートを分類し、集計する。

1か月の支出総額を推測する

さて、1か月分のレシートを集めたら、集計をし、支出総額を把握していきます。本章の作業は少し大変かもしれませんが、私のお金の使い方を赤裸々に公開しながら手順を説明しますので、最後までお付き合いください。

繰り返しになりますが、**お金に関する絶対的なルールは一つ、**

収入＞支出

となること。これを継続して守るためには、支出総額を把握し、一定額で生活できるようにならなければなりません。食費がいくらとか、外食代がいくらとか、項目別の金額が大切なのではなく、支出総額を把握し、コントロールすることが大切なのです。

預金通帳とレシートを合わせれば、1か月間の支出総額がわかります。

どれくらいの額を使っているか、あなたは、頭の中で把握できているでしょうか。

レシートや預金通帳から1か月の支出総額を集計する前に、推測してみてください。

ちなみに、私は本書の執筆に入る直前の1か月間の支出総額を、30万円前後であると推測しました。

会社の経費の立替分約15万円。

家計用口座（夫婦で一つの口座と一つのお財布を作っています）に提供した9万円。

その他、預金口座からの引落やノーレシート支出も含めて約6万円。

合わせて30万円です。

家計用口座の話は後述しますが、我が家では夫婦それぞれが毎月一定額（私は9万円）を出し合い、「生活費」は家計用口座から支払います。そのため、各自で収集するレシートは生活費以外の支出の分（会社の経費の立替分と個人的な支出）になります。個人のお財布から生活費を立て替えたときは、そのレシートと引き換えに家計用口座から精算するというルールになっています。

なお、あくまでも今月使った額を集計します。お金を使うときと実際の支出時期がズレるような項目については、次のように集計してください。

1. 電子マネーについて

電子マネーで支払った際にレシートをもらったりメモを残したりしている場合→レシートやメモを集計しチャージした際の領収証は無視する。

電子マネーで支払った際にレシートをもらったりメモを残したりしていない場合→チャージした際の領収証を支出額とみなして集計する。

2. クレジットカードについて

今月引き落とされた額ではなく、今月利用した額（今月受け取った利用票）を集計する。

3. 水道光熱費や電話代について

今月引き落とされた額ではなく、今月利用した額（今月利用分のレシート）を集計する。

4. 家賃や住宅ローンについて

毎月一定額の場合が多いと思いますので、今月預金から引き落とされた額を集計して差し支えない。

ざっくりと把握できているかどうかが大切ですので、数千円単位で推測する必要はありません。

推測したら、忘れないように、84〜85ページの支出総額集計シートにあるレシート集計表の推測額欄に、メモをしておいてください。

＜私の推測額メモ＞（86ページに書き込み例）

個人的な支出：生活費へ9万円＋その他6万円＝15万円

会社の立替経費：15万円

レシート集計表	実際の金額		推測額
個人的な支出	封筒③合計	円	円
	封筒④合計	円	
	合計	円	
会社の立替経費	封筒①合計	円	円
	封筒②合計	円	
使途不明金		円	
合計		円	円

Memo

手順３
レシートを分類し、集計する。

〈支出総額集計シート〉

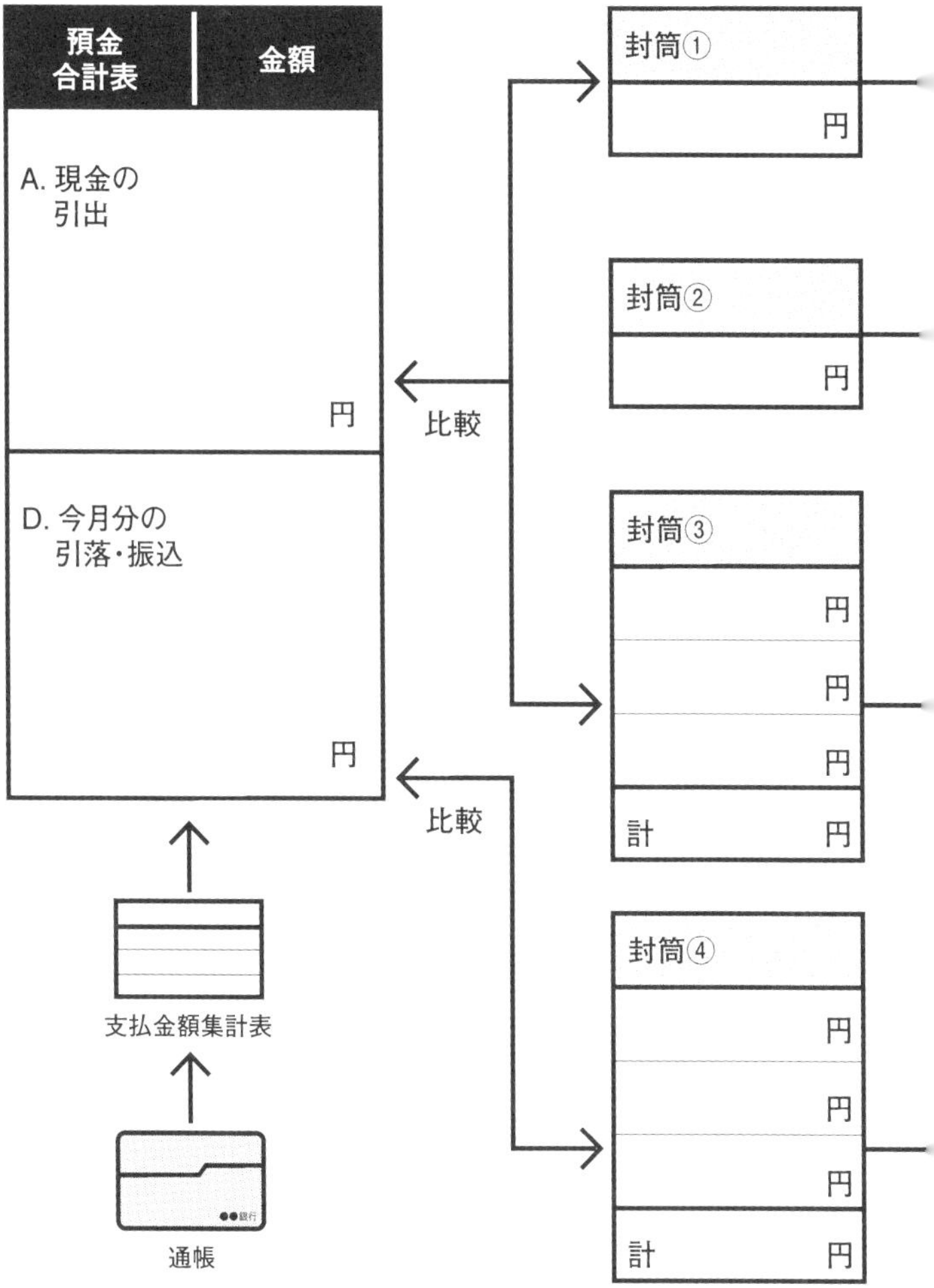

レシート集計表	実際の金額	推測額
個人的な支出	封筒③合計　　円	生活費9万円 + その他6万円 = 15万円
	封筒④合計　　円	
	合計　　円	
会社の立替経費	封筒①合計　　円	15万円
	封筒②合計　　円	
使途不明金	円	
合計	円	30万円

Memo

手順3
レシートを分類し、集計する。

レシートは四つに分類する

1か月分のレシートは、ノートに貼ったり、項目別に細かく集計したりする必要はありません。以下の四つの封筒を用意してためていけばOKです。

①会社経費を現金で支払って立て替えた分
②会社経費をクレジットカードで支払って立て替えた分
③自分のお財布から現金で支払った分
④自分のクレジットカードで支払った分や預金からの引落にした分

会社経費の立替のない方は、③と④の2種類になります。

封筒の中のレシートを集計して、封筒に金額を書いてみましょう。いくらになるでしょうか。

ちなみに、私は、

①16万8965円
②0円
③7万6735円
④1万6571円
となりました。
ここまで作業すると1か月の支出総額がだいぶ見えてきます。

預金通帳でお金の流れを「見える化」する

ここで気を抜いてはいけません。実は、レシートの①から④の金額を集計しても、1か月の支出総額とは言い切れない可能性があるのです。なぜなら、すべての支出についてレシートを集めているとは限らないからです。

「ノーレシート支出についてもメモしたのに？」

手順3

レシートを分類し、集計する。

と思われるかもしれませんが、銀行引落になっているものなども含め、すべての支出について把握できていないことが多々あるのです。

そこでレシートを四つに分類して集計したら、今度は預金通帳の「お支払金額」のデータを五つに分類します。

A．現金の引出額（預金口座からおろした額）

B．クレジットカード利用分の引落額

C．先月分の料金の引落額や振込額（水道光熱費や電話料金など）

D．今月分の料金の引落額や振込額（時間外手数料や家賃の支払いや住宅ローンの返済など）

E．自分の他の銀行口座への移動や積立額（移動であって支出でないもの）

こうして五つに分類すると、預金からの支払いのうち、今月の支出とそれ以外に分けることができるのです。

A. 今月分の支出
B. 今月分の支出ではない
C. 今月分の支出ではない
D. 今月分の支出
E. 支出ではない

つまり、AとDが今月分の支出であるということです。

いくつもの口座を使っている人は、それぞれの口座について集計します。

具体的に、実際の私の預金口座（本当の数値です！）で、集計してみます。

私は日常的に二つの口座を利用しています。二つの口座とお金の流れは、93ページに図解しておきました。

なお、このようなお金の流れを把握すると、リストラすべき口座がわかったり、無駄な資金移動をしていることがわかったりしますのでみなさんもぜひ整理してみてくださ

手順 3
レシートを分類し、集計する。

〈預金口座α〉

照会日時			
取引店	預金種類	口座番号	現金残高
×××支店	普通	×××××	119,760円
照会種類		全取引	
照会期間		2012年10月1日～2012年10月31日	

日付	概要／概要内容		支払い金額		預かり金額	差引残高
2012年10月2日	カードC1	セブンギンコウATM	A	30,000円		85,588円
2012年10月3日	振込1	経費精算			101,116円	186,704円
2012年10月4日	口座振替4	クレジットカード	B	11,962円		174,742円
2012年10月5日	振込1	経費精算			50,000円	224,742円
2012年10月5日	カードC1		A	100,000円		124,742円
2012年10月10日	口座振替3	クレジットカード	B	14,770円		109,972円
2012年10月10日	振込1	給料			100,000円	209,972円
2012年10月11日	カードC1	セブンギンコウATM	A	40,000円		169,972円
2012年10月15日	電話		C	2,271円		167,701円
2012年10月15日	振込2	経費精算			22,164円	189,865円
2012年10月15日	カード		A	30,000円		159,865円
2012年10月18日	カード		A	30,000円		129,865円
2012年10月25日	振込1	経費精算			30,000円	159,865円
2012年10月25日	BANCS	ミズホギンコウ	A	30,000円		129,865円
2012年10月25日	手数料		D	105円		129,760円
2012年10月29日	口座振替3	積立トウシン	E	10,000円		119,760円
			合計	299,108円		

〈預金口座β〉

残高入出金明細

期間指定：2012年10月01日〜2012年10月31日

口座　　普通

取引日	お引出金額	お預入金額	残高	お取引内容
2012年10月09日		円	円	振込
2012年10月12日		円	円	振込
2012年10月15日		円	円	給与
2012年10月29日	A　50,000円		円	カード
2012年10月29日	D　105円		円	手数料
合計	50,105円		円	

い。

ちなみに、お金の流れについては、絶対的な正解はありません。ただし、自分のお金の流れをシンプルに図解できるかどうかはとても重要です。

サラリーマンの平均年収は４００万円ほどですから、月々のお金の出入りは、30万円から40万円です。一つの預金口座とクレジットカードが１枚あれば十分に管理できる額だと言えるでしょう。これをシンプルに図解できないようであれば、それだけでお金の使い方に問題アリというわけです。

では、話を元に戻しましょう。各預金口座

手順３
レシートを分類し、集計する。

〈私のお金の流れ〉

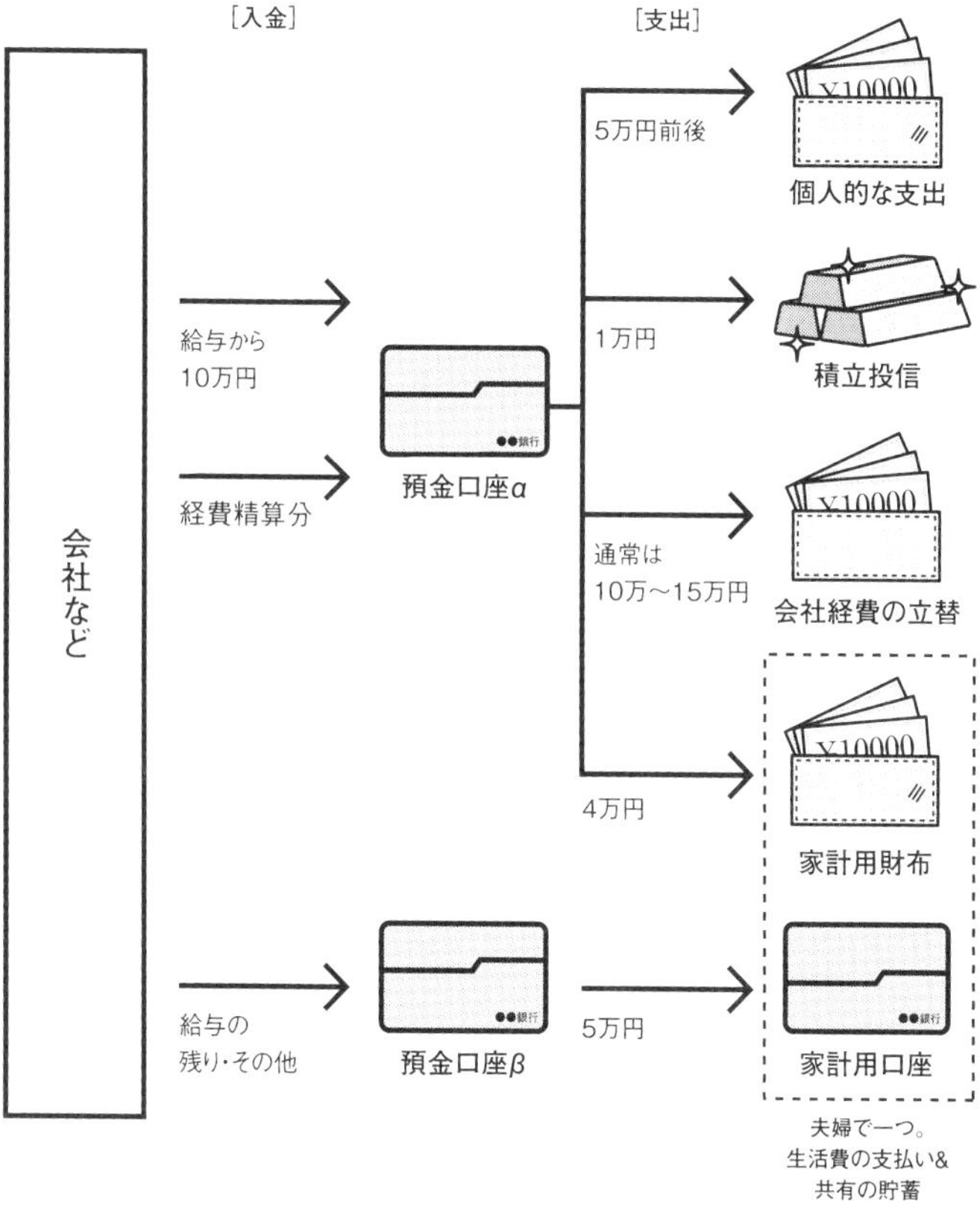

イ　給料のうち10万円は預金口座αに、残りは預金口座βに集約する。
ロ　預金口座αには、給料の10万円と会社からの経費精算額が振り込まれる。原則として支出はすべて預金口座αから。
ハ　預金口座βからは、家計用預金口座に5万円提供。その他の支払いには基本的には使わない。つまり預金口座βは収入を集約する口座であるとともに貯蓄口座でもある。
ニ　預金口座αはあまり残高を増やさずに管理することで、日常的な使いすぎを防いでいる。αの残高に気を付けて生活していれば予算内で暮らせるという仕組み。
ただし、会社を経営している関係で、会社の立替経費が多額になる月もある。その場合には預金口座βを会社経費の立替と精算に利用する。αでは多額のお金を取り扱わない。

の支払額を五つに分け、次ページのように集計します。そして、AとDについて合計額を支出総額集計シートに書いておきます。

これが、預金通帳から導き出された「今月分の支出総額」になります。

使途不明金をチェックする

集計したAは、「預金から引き出した額」です。今月お財布に入ったお金の総額ですね。
そして、お財布に入ったお金のうち、支出したものについては、レシートが残っていますから、97ページの図のような関係になります。
そのため、お財布に残っている現金が極端に多かったり少なかったりしない限り、
A≒レシート封筒①と③の合計額
と考えることができます。そして両者に大きな差が生じるようであれば、使途不明金

手順3

レシートを分類し、集計する。

〈支払金額集計表―預金α〉

内容	金額	メモ
A. 現金の引出	26万円	家計用財布へ4万円、個人の支払い、会社経費の立替
B. クレジットカード利用分の引落	2万6732円	カード2社分。携帯電話代とアマゾンの支払いがほとんど。すべて先月分
C. 先月分の引落・振込	2271円	実家の有線電話代2271円
D. 今月分の引落・振込	105円	時間外手数料
E. 他の口座への預金振替、積立など	1万円	投資信託の積立
合計	29万9108円	

〈支払金額集計表―預金β〉

内容	金額	メモ
A. 現金の引出	5万円	家計用口座へ
B. クレジットカード利用分の引落	0円	この口座からのカードの引落はありません。
C. 先月分の引落・振込	0円	この口座からの各種の引落はありません。
D. 今月分の引落・振込	105円	時間外手数料
E. 他の口座への預金振替、積立など	0円	この口座からの他口座への振替はありません。
合計	5万105円	

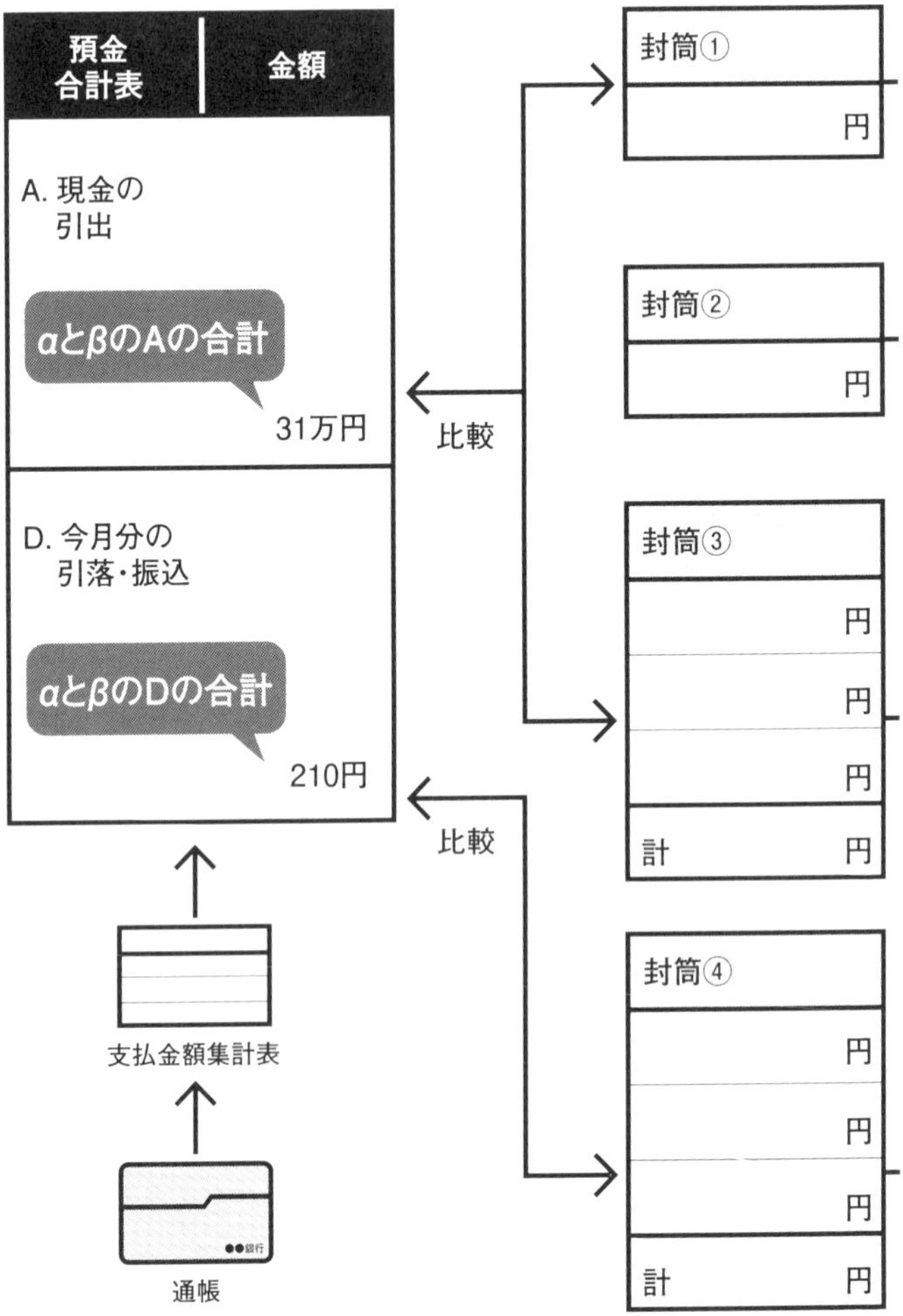
預金
合計表
金額
A. 現金の
引出
αとβのAの合計
31万円
D. 今月分の
引落・振込
αとβのDの合計
210円
比較
比較
支払金額集計表
●●銀行
通帳
封筒①
円
封筒②
円
封筒③
円
円
円
計
円
封筒④
円
円
円
計
円

手順3
レシートを分類し、集計する。

月初めにお財布にあった現金

＋ A（α＋β）の額＝預金をおろしてお財布に入れた額

－ レシート封筒①と③の額＝お財布から支出した額

＝ 月末にお財布にある現金

がないかどうかを疑う必要があります。

さて、Aの額とレシートの封筒の①と③の額はどうなりますか？

私の場合、

Aの額＝31万円

①と③の合計額＝16万8965円＋7万6735円＝24万5700円

です。

両者を比較して1万5000円以上の差額があったら、レシートを受け取っていない支出がないかどうか、思い出してみてください。

子供にお小遣いをあげませんでしたか？

おけいこ事代などレシートの出ない支出についてのメモを忘れていませんか？

思い出したら、それを封筒にメモしておいてください。もしも、思い出せない支出があったとしたら本当にもったいない！

覚えのない支出があったということは、知らないうちにお金が消えてしまったことと変わりありません。

なお、1万5000円以下の場合には、使途不明金はなかったと考えることにします。

かくいう私は、何と6万4300円も隔たりが！

「家計用口座に入れた5万円」

「マッサージの回数券を購入した1万円」

について、メモするのを忘れておりました。

上記を考慮すれば残りは4300円。お財布に残っていた金額を考えれば、大きな使途不明金はなさそうです。

結局、封筒③には、

レシート7万6735円

家計口座へ５万円
マッサージ１万円
合計13万６７３５円
とメモされることになります。

レシートがないものは封筒にメモ

さらに、預金口座のＤのデータと封筒④にあるレシートを照合してください。Ｄのデータのうち、レシートのなかったものについては、封筒④にメモをします。

たとえば、住宅ローンの返済分は、毎月のように預金から引き落とされますが、レシートは毎月送られてくるわけではありません。そういう支出について、④の封筒にメモするというわけです。

私のケースでは、Ｄに集計された手数料２１０円はレシートがなかったため、④の封

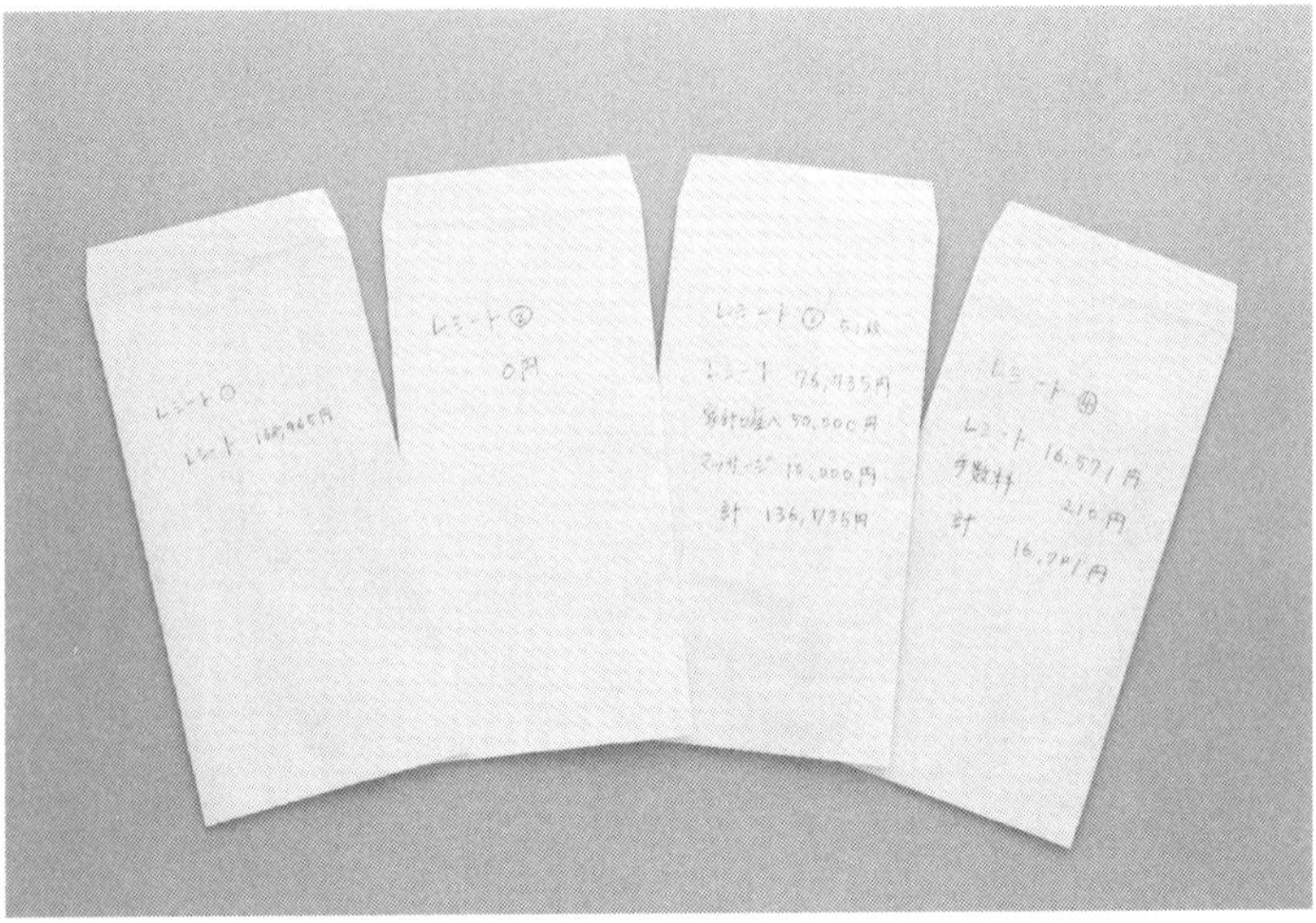

筒にメモを追加しました。

結局、封筒④は、

レシート1万6571円
手数料210円
合計1万6781円

というメモになりました。

推測額と総額の差が5万以上ならば要注意

さて、これですべての支出が、封筒に集計されました。そこで、推測額を記入した最初のシートに、実際の支出額を集計します。

予測額との差額はどれくらいになったでしょうか。

私は当初、1か月に使っている分は30万円と推測しましたが、実際には32万2481円でした。約2万2000円のズレがあったということです。

会社経費に関する推測のズレなので、自分のお金はだいたい推測通り。安心しました。とはいえ、経費の感覚に約2万円のズレがあったのは大きな問題ですから、気を付けなくてはいけないと感じました。

ただ、一般的には、会社経費の立替分に関する推測額とのズレは気にする必要はありません。私たちが最終的に管理しなくてはならないのは、あくまでも、自分のお金、自分の支出です。

もし、**個人的な支出の部分で5万円以上推測額とズレていたら大問題です。お金を使っている感覚と、実際に使っている額に大きな差があるということですから、まさに金銭感覚が鈍っているということ**です。レシート収集は、まずは1か月間チャレンジしていただきたい手法ですが、このズレが1万5000円以内になるまでは継続してみることをお勧めします。

STEP6
封筒の最終合計を書き込む。

STEP1
推測額を書き込む。

レシート集計表	実際の金額		推測額
個人的な支出	封筒③合計	13万6735円	15万円
	封筒④合計	1万6781円	
	合計	15万3516円	
会社の立替経費	封筒①合計	16万8965円	15万円
	封筒②合計	0円	
使途不明金		0円	
合計		32万2481円	30万円

STEP7
実際の支出と推測額を比較する。
実際の支出と収入額を比較する。

Memo

・思ったよりも支出が多かった

・携帯電話代はもう少し安くできるかも

・なるべく時間外手数料がかからないように注意する

・レシートをきちんと保管する

・使途不明金がなくてよかった

・夕食に外食が多い

・Sホテルのラウンジの1000円ランチは満足度高すぎ!! ミニデザートまでついてくる。お店の雰囲気も優雅。あまり人に教えたくない

何でもよいから気付いたことをメモする。

手順 3
レシートを分類し、集計する。

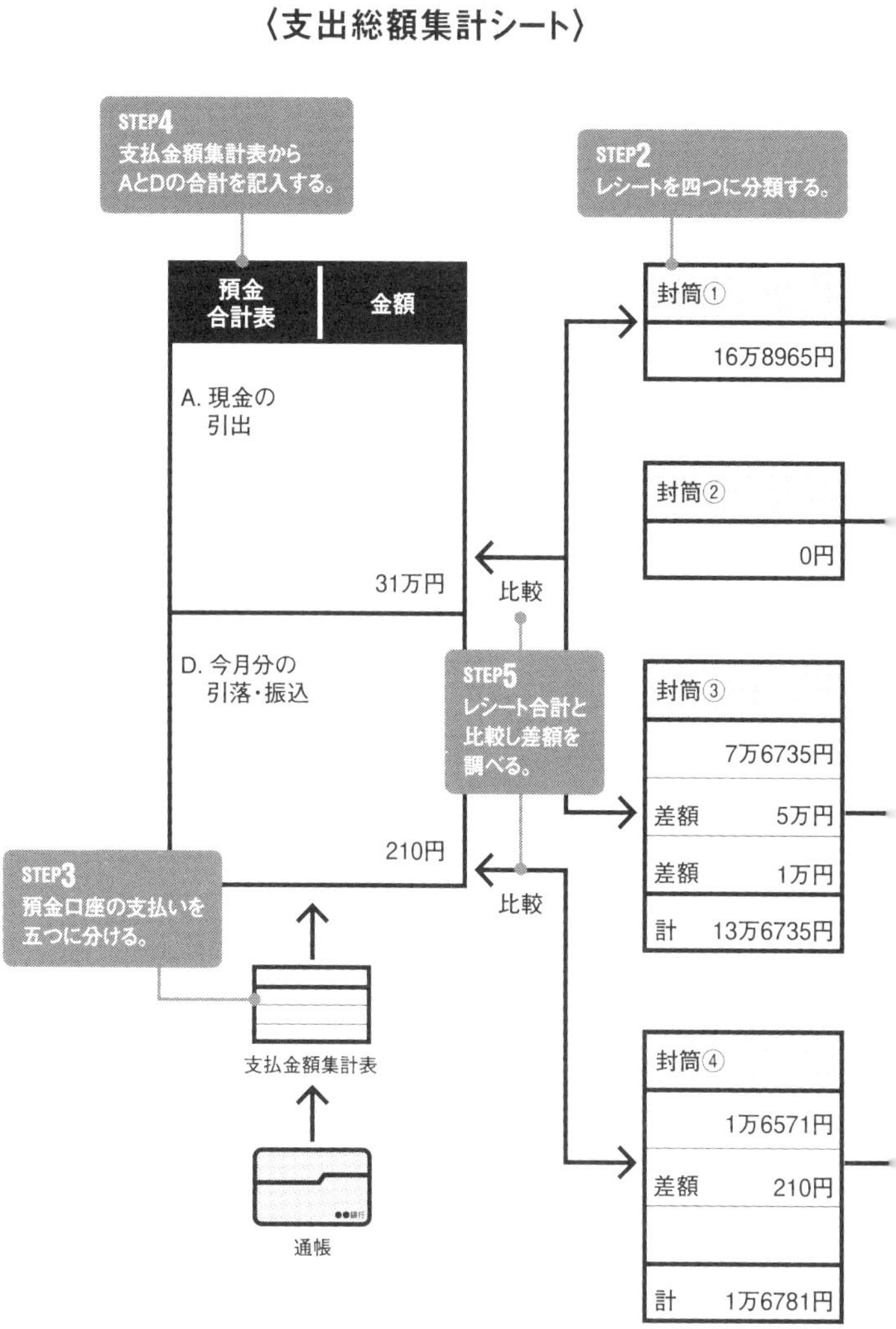
〈支出総額集計シート〉
STEP4
支払金額集計表から
AとDの合計を記入する。
STEP2
レシートを四つに分類する。
預金
合計表
金額
A. 現金の
引出
31万円
D. 今月分の
引落・振込
210円
比較
比較
STEP5
レシート合計と
比較し差額を
調べる。
STEP3
預金口座の支払いを
五つに分ける。
支払金額集計表
通帳
封筒①
16万8965円
封筒②
0円
封筒③
7万6735円
差額 5万円
差額 1万円
計 13万6735円
封筒④
1万6571円
差額 210円
計 1万6781円

また万一、

毎月の収入額＜個人的な支出と使途不明金の合計額

となっていたら、それはいわゆる「赤字」という状況です。何としても、支出を削減しなくてはなりません。この場合もぜひ、レシート集めを続けてみてください。

なお、毎月の赤字をボーナスで補填《ほてん》するというのは危険な考えですから、今すぐ捨てましょう。ボーナスはいつなくなるかわからないものですし、

「赤字はボーナスで補填すればいい」

という考えそのものが、浪費を招く原因になるためです。

そして、集計をしている間に考えたことがあれば、集計シートにどんどんメモしておいてくださいね。自分のお金の流れがどうなっているか、使途不明金はないか、金銭感覚は機能しているかなど、何でも構いません。

お金のことで悩んだり考えたりしたことはこれまでもあったと思います。でも、思ったり考えたりしただけで、問題は解決したでしょうか。文字にして書き出してみると、何が問題なのか、どういうお金の使い方をすると自分の満足度が高くなるのかを強く印

手順３
レシートを分類し、集計する。

象付けることができます。自分のお金の使い方のよい点や悪い点がよくわかり、より満足度の高いお金の使い方をすることに意識が向くようになるのです。

手順4

レシートから生活費をはじき出す。

生きるために必要な「生活費」はいくら？

レシートを集計することで、支出総額を把握することができたと思います。繰り返しますが、

収入＞支出

になることが何よりも大切です。

ところで、前章では支出総額を計算しましたが、この支出を大きく二つに分けてみると、お金の使い方がさらに上手になります。

二つというのは、

「生活費」

と、

「それ以外」

です。

前章で、私の支出は、会社の立替分を除くと

「生活費9万円」

とそれ以外に分かれていました。**みなさんは、この「生活費」の額を把握していますか？**

突然、

「月々の生活費はいくらですか？」

と聞かれたとき、即答できない人が意外と多いのではないでしょうか。

仕事柄、私は、この質問をいろいろな方に対して投げかけます。たとえば、弊社のクライアントで従業員を採用する際に、クライアントの採用担当者として求職者と面接するとき、

「給料はいくら欲しいですか？」

という質問に答えられない、もしくは「いくらでもいい」「できるだけたくさん」と答えた人に対して、この質問をしてみるというわけです。

ちなみに、

「生活費ってどこまでを指しているんですか？」

という反対尋問をされることもよくあります。金額について即答する人は、ほぼいません。

もちろん、通常は生活費の額を他人に正直に教える必要がないので、即答する人がほとんどいなかったとしても不思議はありません、でも、もし本当に自分の生活費を把握できていないとしたらとても危険です。

なぜなら、**月々の生活費がわからなければ、どれだけ収入があれば暮らしていけるかがわからない**からです。ボーナスが減った、物価が上がった、というちょっとした変化があっただけで、気付いたときには、今の生活ができなくなる可能性が出てきます。

備えておくべき金額もわからないでしょう。いつ何が起こるかわからないこの時代、半年から1年分の生活費は蓄えておきたいものです。いざというとき、失業給付（雇用保険）があるとはいっても、自己都合退職の場合には3か月の給付制限があり、その期間は給付を受けられませんし、給付を受けられたとしても生活するのに十分な金額とは言えません。

生活費の額がわかっていないと、転職も難しくなります。前述した通り、給料がいく

らあればいいのかがわからないからです。転職の際には、

「給料はいくら欲しいですか？」

という質問が飛んでくることがあります。このとき、

「できるだけたくさん」

という答えは、よくありません。自分のことを客観的に見ていない、世間の相場がわかっていない、金銭感覚がないなど、社会人として評価できないからです。

ちなみに、

「生活費ってどこまでを指しているんですか？」

という反対尋問に対する答えは、

「どこまで含めて計算するかは自分で勝手に決めればいい」

です。生活費を定義している法律があるわけではないのですから。

大切なのは、生活費として必要な額と、その他自由に使えるお金との線引きをして、しっかりと生活費の額を把握していること。

線引きや定義をした上で、その月々の額を把握できるのであればそれでいいのです。

とはいえ、現代社会は、共働きのため家族のお金の状況がよくわからなかったり、外食が多い人などは生活費と交際費の線引きが難しかったり、「生活費」をどう定義するかはなかなか難しい問題です。

そこでまずは、今の家に住んで、最低限着て、食べるためにいくら必要か。

月々いくらあれば、とりあえず生きていけるのか。

それを生活費と考えてみればよいでしょう。

いつ仕事を失うかもわからないような時代、この金額をはじき出しておかなければ、お金の管理はできません。

それでは、生活費を定義していきましょう。作業は簡単です。

さきほどの封筒③と④の中にあるレシートと封筒の表面にメモした支出について、

「生活費として必要なもの」

「なくても生活できるもの」

に分けるだけ。

「家賃は生活費」

「映画代はなくても生活できる」

といった具合に、どんどん分けていくのです。

そして、分類したレシートを集計すれば生活費の目安が出てきます。その金額を目安に、

「本当にこれだけあれば生活できるだろうか」

という観点から見直し、

「毎月の生活費の予算は××万円とする」

と決めるのです。

独身者の場合の生活費

独身の場合の生活費は、簡単に定義できるでしょう。自分で決めればいいのです。家賃や住宅ローンの支払いは通常「生活費」と考えます。もちろん、豪華な家に住んでい

る場合には、生活費を超えた「贅沢《ぜいたく》費」になりますが、現状の生活をギリギリ維持することを考えると生活費としておいた方がよいでしょう。

水道光熱費やティッシュやトイレットペーパーなどの日用品も生活費。外食を「生活費」とするかは難しいところですが、ファストフードなどを利用すれば、食材を購入して作るよりも外食する方が安い、という考えもあります。**外食を生活費と考えるかどうか、というより、毎月何とか食べていくだけの食費はいくらかという観点で計算してみてください。**

携帯電話代も1台分であれば、今の時代は生活費とするのが自然でしょうね。

さて、レシートの分類はできましたか？

生活費だと思われるレシートを合計するといくらになりますか？　それを目安に、

「自分の生活費の予算は毎月××万円！」

と設定してみてください。

共働き夫婦の家計管理

　ご夫婦で共働きの場合、そもそもお金をどう管理するかについて悩んでいる方も多いのではないでしょうか。

　絶対の正解はありませんが、生活費用の銀行口座を作り、そこに毎月一定額、それぞれがお金を入れて、生活費はそこから支払うという方法がお勧めです。

　たとえば、月々の家族の生活費を30万円と決めたら、夫と妻が15万円ずつ、自分の口座から生活費口座にお金を入れます。そして、家賃や水道光熱費など、家族全員に関わる費用は、すべてその口座から支払われるようにする、ということです。

　もちろん、夫と妻の負担割合は、それぞれの収入額に応じて決めてください。極端な話、夫が全額を負担し、妻は負担しない、ということであっても、それは夫婦間で決めたことであれば問題ありません。

　要は、**家族の生活費を、夫や妻の個人のお金ときちんと切り離して管理しておくことが大切**なのです。こうしておくことで、共通の生活費部分は、何にいくら使われているのかがはっきりしますし、それぞれのお小遣いは自由に使えるようになります。

家計の相談に乗っていると、家賃と水道光熱費は夫、食費は妻、といったように項目別に分担しているケースも多く見られます。ただ、これまで私が見てきたところ、この場合には、互いにどれくらいの金額になっているのかを把握できていないことがほとんどで、とても危険な状態であると感じました。なぜなら、どちらかが仕事を失った瞬間に、

「え〜、食費ってそんなにかかるの？」

という問題まで露呈するのですから。

また、家賃、水道光熱費、食費、といった切り分けだと、

「私の方が多く負担している」

「いや、先月は俺の方が多い」

など無用な争いを引き起こすこともあります。さらに、

「電気代は自分の負担じゃないから節約しなくていいや」

といった無駄遣いにつながったり、

「自分の方が生活費の負担が重いのだから、貯蓄は相手がしてくれているはず」といった根拠のない期待を抱いたりすることもあります。

月々決めた額を生活費口座に入れておけば、実際の生活費が月々変動しても、負担は一定ですから、争いにはなりません。そして、生活費口座のお金が余れば、それが家族みんなのゆとりになります。

夫婦共働きの場合、仕事上の付き合いなど、自分の自由になるお金も必要ですから、互いのプライベートな預金口座まで見せ合うとなると、窮屈に感じる人もいるでしょう。だから互いに見ることができ、一緒に管理できる生活費口座を持つことが重要なのです。

共働き夫婦の生活費

夫婦共通の生活費口座に毎月いくら入れればいいのかは、独身の方と同じように、レシートを分類して計算することができます。

分類のポイントは、

「家族が生活するために必要かどうか」。

必要な支出だと判断したレシートについて集計すれば、生活費がわかるというわけです。

独身の方同様、家賃や水道光熱費を生活費とすることには、異論は出ないでしょう。トイレットペーパーなどの日用品についても、大きな争いにはならないと思われます。

ところが、ここから先は、だんだんと難しくなってきます。

たとえば、化粧品。妻は、

「お化粧をしないわけにはいかないのだから、安い基礎化粧品は生活費口座から払うということでいいでしょ？」

と言うのに対し、

「化粧品を使うのは妻だけだから、生活費口座から出すのは納得がいかない」

といった反論が生まれてきます。

外食が争いの種になることもあります。妻が毎日の食事を作っている家庭では、「月に1、2度の外食は必要だ」という意見が出たりします。それに対して夫は、「最低限の生活費を考える際には、外食はナシだ！　妻がラクするための支出なんだから妻が出すべきだ」と言い出し、議論になることもあります。

衣服代についてもしかりです。

また、意外と争いの種になるのが、子供の教育費です。子供の教育費はいわゆる「生活費」とは異なるかもしれませんが、お小遣いをどれくらいあげるべきだと思っているか、塾代はどのくらいまで払ってもよいと思っているかなどは、夫婦で意見が異なることも珍しくありません。

大切なのは、そういった価値観をすり合わせて、いざというときにきちんと暮らせる生活費の額を把握すること。**それぞれ自分が生きるために何が必要だと考えているのかを相手に知らせることで、互いの理解を深めるしかありません。**

ちなみに、そうやってはじき出された生活費の私の負担分が、毎月9万円というわけです。現時点では、携帯電話代は生活費に含めていませんが、いざとなれば、生活費予算でそれをまかなえるように設定しています。

専業主婦（専業主夫）家庭の生活費

専業主婦（専業主夫）のいる家庭でも、基本的な考え方は同じです。夫婦の生活費口座を持ち、そこには毎月、一定額が入るようにします。そしてその口座で基本的な生活を成り立たせるようにするのです。

なお、専業主婦（専業主夫）は、自分の収入源がなく、自由に使えるお金がない可能性があります。生活費として少しゆとりのある予算を設定しておけば、そこからお小遣いを捻出《ねんしゅつ》できます。生活費口座の毎月の残額が専業主婦（専業主夫）のお小遣いになる、といったルールを決めれば、生活費の無駄遣いをなくすことにもつながります。

お財布をもう一つ持つ

生活費用の口座だけではなく、生活費用の財布を用意すると便利です。スーパーでの食材の購入の際など、現金を持っていた方が便利ですからね。

そのお財布を持ち歩いてもよいですし、自分のお金で立替払いをして、後で精算してもよいでしょう。レシートと引き換えにお財布からお金をもらうようにすれば、生活費財布からの支出内容をレシートで把握できるようになり、それを適宜《てきぎ》、家族で見直すことができます。

生活費は絶対に定額で

毎月の生活費は、一定額の予算を定めて管理することが重要です。そして絶対にその予算内で生活しなくてはなりません。

「今月は予算をオーバーしちゃった」
と安易に予算オーバーするようでしたら、設定した意味がありません。いざというときにどれだけあれば暮らせるか、その予算を設定したのですから、本当にその額で暮らす力がなければ何の意味もないのです。

生活は設定した生活費の額で成り立たせることができる。それ以外は、自分たちのお小遣いで楽しむ。そういう切り分けが大切です。

生活費は一番収入の少ない月に合わせる

サラリーマンであっても、収入の額は月々変動しますが、多い月は多いなりに、少ない月は少ないなりに、というお金の使い方はお勧めできません。

お金は収入の額に応じて使う額を決めるものではなく、必要なサービスを手に入れるために使うもの。収入が多いときにはたくさん使って、少ないときにはそれに応じて使うというのは、お金の使い方を主体的に決めていない証拠です。

また、お金の使い方は「習慣」の影響を受けやすいもの。つまり、

「コンビニでお金を使うことが習慣になっている」

「朝の缶コーヒーが習慣になっている」

から、たいして欲しくないものを買ってしまうのです。習慣そのものを変えてしまえば、

「買わなくても平気」

になることがほとんど。習慣が変わるまでは少し我慢が必要かもしれませんが、無駄遣いしない習慣がつけば無駄遣いをせずにいられるというわけです。

収入に応じて使うとなると、収入の多いときにはお金を使う習慣がついてしまい、少なくなったときにはそれを変えなくてはならないために余計なストレスがかかるのです。収入に振り回されてしまうのです。そうではなくて、支出額が一定になるようコントロールするのです。自分の生活は、自分で決めるのです。

なお、生活費の予算は年間を通じて一番収入の少ない月の収入額を上限とするのが基

本。こうしておけば常に「毎月の収入∨毎月の生活費」とすることができ、1か月単位で収支を把握できるからです。

余談ですが、これは企業経営でも大切なポイントです。企業の売上は、月によって異なります。業種によっては、5月のように31日ある月と2月のように28日しかない月で、10%くらい売上額が異なることもあります。でも、家賃も人件費も一定額必要です。

このとき、2月のように売上の少ない月でも利益が出るコスト構造にしておかないと経営が難しくなるのです。他の月の利益で2月の赤字を解消することを前提にしていると、利益をそれまでプールしておかなければならなくなり、タイムリーな判断を下しにくくなるためです。

個人のお金も同じ。収入の少ない月に赤字になるようでは、その他の月の余剰分やボーナスを常にあてにすることになります。月々のお金の管理が、月々で完結しなくなるので、あれこれと頭を使わなければならなくなります。

一番収入の少ない月に合わせて生活できるようにしておけば、毎月、トントン、もしくは余剰が出て終了になりますから簡単です。余剰が出た月は、そのお金を自由に使えることになるわけですから、貯蓄に回したり、普段は行けないレストランで食事をしたり旅行に行ったりする資金に充てればよいのです。

一番収入の少ない月に合わせて一定額で日常生活をまかなえるようにする。こうしておけば、管理も簡単で、環境が変化しても安定した生活を送ることができるのです。

予算を３か月試してみる

生活費の予算を設定したら、その額で暮らせるかどうか、ぜひ、３か月間、試してみてください。実際に生活してみると、予算そのものを調整した方がよい場合もありますが、安易に額を上げてはいけません。

お金の使い方は、習慣に左右されるものです。

「いつも買っているから」

「いつもテレビをつけているから」

という生活習慣が、日々の支出を積み上げていきます。逆に、本当にその予算額で暮らそうと思うと、そういう習慣ができ上がります。最初は、

「あれも買えない」

「細かい節約なんてイヤ」

といった我慢をしなくてはならない可能性もありますが、慣れてくればたいていはどうってことありません。

私自身は、結婚してから約5年間、夫婦で一括管理している生活費に関してレシート収集と集計を続け、定額で暮らす生活習慣を身につけました。予算内で暮らすためには、どのくらいの頻度で果物を買うことができるのか、どのくらいこまめに電気を消さなくてはならないのか、を体で覚えていくのです。

言葉にすると、窮屈に感じるかもしれませんが、

「今月はいくらで暮らせただろう？　先月よりも少額で暮らせただろうか？」

とゲーム感覚で楽しめるものです。実際、月末にレシート集計をするのが、とても楽

しみでした。

お金を使って贅沢することは誰でもできます。でも、**生活の満足度を下げることなく、お金をかけずに暮らすためには工夫が必要**です。

普段はお金を使わなくても、ときどき豪華な外食をする方が満足だという人もいれば、毎日のビールが何にも勝る幸せだという人もいます。家族のそういったニーズをくみ取り、少ない支出でもより満足度を高くするためにはどうしたらいいのかを考える。これって、ちょっとしたプロジェクト！　そのリーダーとなって動くのですから、わくわくしてきませんか？

そして、いざというときに少ない額で生活できる知恵があれば、将来への不安だって小さくなります。無理して保険に入って安心を得ようとするよりも、ずっと簡単な方法です。

生活費が見えれば不安への対処ができる

生活費の予算が定まれば、見えてくるものがあります。

まずは、いくら貯蓄をしておくか。最低限の目安は3か月。雇用保険の給付が始まるまでの備えということです。より安心な額となれば、1年分。ゆっくりと転職活動ができる時間というイメージです。

生活費が見えないまま、闇雲《やみくも》に貯蓄をしようとすると、

「いったいいくら貯めればいいの?」

「貯めているのに不安」

という「貯蓄があっても不安症候群」になりがちです。

3か月分、6か月分、1年分といった区切りのよいところで金額を設定し、その貯蓄のためのお金も生活費予算に組み込んで、貯めていくとよいでしょう。

もう一つ、生活費の予算が定まることでどのくらいの保険に入ればよいかが見えてきます。これは、

「貯蓄では対応しきれない、いざというときの生活費」

が日安になるでしょう。

ただし、

「いざというとき」

が来なければ、支払った保険料以上のお金は返ってこないということを忘れてはなりません。つまり、保険は、支払った保険料と受け取れる保険料の関係で考えると、ほとんどの場合が損になる仕組みなのです。

当たり前ですよね。保険業務に関わっている人の人件費やパンフレットの印刷代、広告宣伝費など、私たちの保険料からいろいろなコストが支払われるのですから。いくら資金を運用して増やしているとはいっても、先進国の経済が軒並み伸び悩んでいる今日この頃、保険だけがそんなに儲かるはずもないのです。

なお、医療保険や生命保険の保険料も、生活費口座から支払うとよいでしょう。そもそも、保険は家族のために入るという面もありますし、生活費口座に集約してみることで保険料の総額がわかり、保険の見直しにもつながるからです。

夫婦共働きの場合には、それぞれがそれぞれの保険に入っていて、過度に手厚くなっていることもありえます。

保険料も、総額で考えるとけっこうな額になりかねません。実際、夫婦がそれぞれ保険に入っていたために、互いの保障内容もよく理解しておらず、保険料を全部合わせると月々5万円を超えていた、という状況に遭遇したことがあります。

レシートを集計して、必要な生活費がわかった今は、保障内容を見直してみるチャンスです。

節約すべきかどうかを考えるヒント

適切な生活費だと思っていても、本当は節約すべき支出が潜んでいることもあります。その最たるものは、家賃です。

たとえば20歳から80歳まで月々家賃10万円をずっと支払い続けると、

10万円×12か月×60年＝７２００万円

です。月々の家賃を７万円にすると、

７万円×12か月×60年＝５０４０万円

になります。

年収４００万円と仮定すると、毎月の収入は約30万円ですから、家賃７万円は妥当な金額のように感じます。でも、20歳から60歳まで40年働くとすると、収入のトータルは１億６０００万円。そのうち５０４０万円が家賃です。

それが問題だということはありませんが、本当にそれを望んでいるのかを考えることは大切です。月々の収入とのバランスだけを考えると、それほど大きく感じない支出も、一生分トータルで見ると、判断が変わる可能性があるというわけです。

持ち家であれば、80歳までの支払いは必要ないかもしれません。とはいえ、住宅ローンを組んでいれば、利息も支払わなくてはなりませんし、ローンに関する手数料や売買の際の仲介手数料など、さまざまな経費が上乗せされます。

仮に３０００万円の物件を、全額、35年ローン（ローン期間中ずっと利率３％）を組

んで購入するとなると、ざっくりですが、

毎月の返済額は11万5500円

35年の返済総額は4850万円

となります。ローンを組む際には、とある銀行のウェブサイトからの情報によれば、

ローン手数料等75万円

がかかりますし、さらに、

不動産屋さんへの仲介手数料100万円

が必要になる上、

毎年の固定資産税15万円

がかかる可能性があります。

マンションであれば、さらに月々2万円前後の管理費などがかかるでしょう。

40歳で購入したとすると、80歳までにかかる金額は6500万円！

もちろん、頭金を使ってローンを減らすなどすれば、金額は変わってきます。たとえば、物件の2割に相当する600万円を自己資金で用意した場合、ローンの支払総額は

1000万円減りますので、全額ローンを組むよりも住居にかけるお金が400万円少なくなります。とはいえ、

3000万円の物件が倍以上の支出につながることは見逃せませんよね。

月々の家賃や月々の住宅ローンの返済額だけで考えるのではなく、**「住まいにどれだけのお金がかかるのか、どれだけのお金をかけるのか」について、トータルで考えてみる**ことで、自分の中での適正額を模索することが大切なのです。

そして、この考え方は、住居費のみならず、あらゆる支出に応用できます。

一生分の美容院代

一生分のお酒やたばこ代

ぜひ、いろいろな支出を生涯トータルで考えて、生涯収入の最適配分を考えてみてください。

最初の1か月は電卓で計算しよう

世の中の家計簿は進化しており、レシートをスマホ写真に撮《と》ることで自動的にデータ化してくれるソフトまであります。スマホで撮影して、そのままウェブ上のデータへ。すぐに集計をしてくれます。

もしも、今後もレシート集計を続けるようであれば、こういった家計簿の利用を考えてもよいかもしれません。

ただし、最初の1か月だけは、ぜひ、電卓で（最悪でも表計算ソフトに入力して）計算してみてください。お金の感覚は、1枚1枚レシートをめくって、金額を確認し、自力で集計することで、磨《みが》かれるものだからです。

手順5

レシートを読む。

レシートをホチキスどめして見直す

1か月間のレシート集めはいかがでしたか？　大変でしたか？　案外楽しかったという方もいるのではないでしょうか。ちなみに私は、レシートを集めることで、店員さんとコミュニケーションを取れるようになることも楽しさの一つだと思っています。

さて、手順③で、③と④の**封筒に集めたレシートは、**

・同種のものをまとめて

・サイズの大きいレシートから小さいレシートへと重ね

・ホチキスどめをする

と整理しやすくなります。写真は、私の実際のレシートです。こうすると、レシートが見直しやすくなるのです。ノートに貼りつけたりしてもよいのですが、作業にばかり時間を取られ、面倒です。また、個人のレシートですから、長期にわたって保管する必要もありません。

そこで、種類ごとにホチキスどめをすれば、見直しやすく、枚数も把握しやすく、処分もしやすくなるというわけです。

　どういう種類に分けるかにルールはありませんが、私は「昼食」「夕食」「お茶」「雑貨」「食品」「交通費」で分類しました。自分がよくお金を使う行動別に分けたのですが、実は、これを考えてみること自体にも意味があります。

「自分はいったい、何にお金を使っているのか」

を知る必要があるからです。普段、何に支出しているのかを意識できていなければ、それがよいのか悪いのかも判断できません。

　レシートを見ながら、どう分類したらよいかを考えてみてください。とはいえ、それを考えているだけでは前に進みませんので、考えがまとまらないようであれば、以下の二つのパターンのいずれかを選ぶとよいでしょう。

　一つは、今回の私の分類と同じような感じ

で、行動別にしてみるパターン。「朝食」「習い事」など、毎日の生活の中で、自分がどういうことにお金を使っているのかで分類する。

もう一つは、場所別にしてみるパターン。「コンビニ」「ファストフード」「電器屋」「デパート」など、お金を使う場所別に分類してみるということです。

考えて分類してホチキスどめをするだけで、

「今月は、夕食を外で食べることが多かったんだな」

「ファストフードをよく使っているんだな」

と自分のお金の使い方の特徴が見えてきます。どんなことが目立つのかを102ページの支出総額集計シートにメモしてください。その特徴が、自分にとってよいと感じれば、お金の使い方はとりあえず合格。でも、

「こんなことに使っていないで、もっと落ち着いてご飯を食べようよ！」

と自分自身に言いたくなるようであれば、もったいないお金の使い方をしているということで要注意。

私は、思った以上に夕食の外食が多いことに驚きました。金額的には無理のない支出

ですが、「夕食を適当に済ませる」という気持ちでお金を使っていることはもったいないと感じました。一方で、ランチは、費用対効果にも満足のいくものが多く、よいお金の使い方ができていると感じました。

あなたのレシートにドラマはあるか？

レシートを見直してみたとき、何のレシートであるか、思い出すのが難しいこともあります。

たとえば、タクシーのレシート。日付を見て、手帳を見ても、いったいどこからどこまで乗ったものか、さっぱりわからないことがあるのです。

商品名が書いていないレシートも、何を買ったのかはっきりと思い出せないことがあります。

そんなときは大いに反省してください。私も毎月、大いに反省しています。たかだか

1か月の支出について、レシートを見ても思い出せないなんて、どれだけ適当にお金を支払ったかという証拠です。

もちろん、急いでいたとか、他に重要なことがあったから思い出せないという支出もあるでしょう。でも、他に重要なことがあったからちょっとした支出を適当に済ませていいということにはなりません。

よい買い物ができたときのことを思い出してみてください。

「あの日はたまたま、友人との待ち合わせまでの時間があって、デパートをうろうろしていた。そして、ふと目に留まった洋服を、本当に気軽に試着してみたら、とても似合った。そういえば、こんな服を着ていきたい場所があるな。店員さんとの会話も楽しかったな。少し他の支出を減らしても、これを買っちゃおう！」

よい買い物には、こういうドラマがあるものです。そして、そんな買い物ができたときは、金額以上の満足度を感じていたり、購入したモノへの愛着がわいたりするものです。

レシートからドラマが見えるかどうか。レシートにストーリーがあるかどうか。そこにストーリーがあるからこそ、商品とお金を交換すること以上の価値を生み出すことができるのです。お金はそういうプラスアルファの価値を生み出すことのできる道具なのです。

お金を支払う行為が、単なるモノの受け渡しになってしまっては、お金がかわいそうです。

レシートに点数をつける

さらに、1枚1枚のレシートを見ていくと、

「あ、ここのランチはよかったな～」

とか、

「コンビニでスナック菓子をたくさん買ってるなあ」

といった、お金の詳細な使い道や、その満足度、反省点なども浮かび上がってきま

す。そういった**感想も、支出総額集計シートのメモ欄にメモしておきましょう。よい買い物ができた、という成功体験を積み、それをメモして意識することで、お金の使い方が上手になっていく**のです。

「そんなチマチマした感想なんて意味があるの？」

という声も聞こえてきそうですが、通常の支出はそういうチマチマしたものの積み重ね。年収400万円なら、月々使える額は30万くらい。そのうち、家賃と水道光熱費を除けば、月々使えるお金は15万くらいでしょう。1日に使えるのは、約5000円。つまり、数百円の支出は、チマチマしているように見えても、日々使えるお金の10％近くになる可能性があります。この数百円をどれだけ大切に使えるかで、日々の満足度が大きく異なり、ひいては人生の満足度が大きく異なってくるのです。結局、1円でも100万円でも、同じように大切に考えることが重要なのです。

さて、支出総額集計シートにメモをするだけではなく、満足度の高かったものにはレシートに印をつけてみましょう。丸とか花丸をつけてみてもよいですし、満足度を金額で評価してみるという方法もあります。

手順5

レシートを読む。

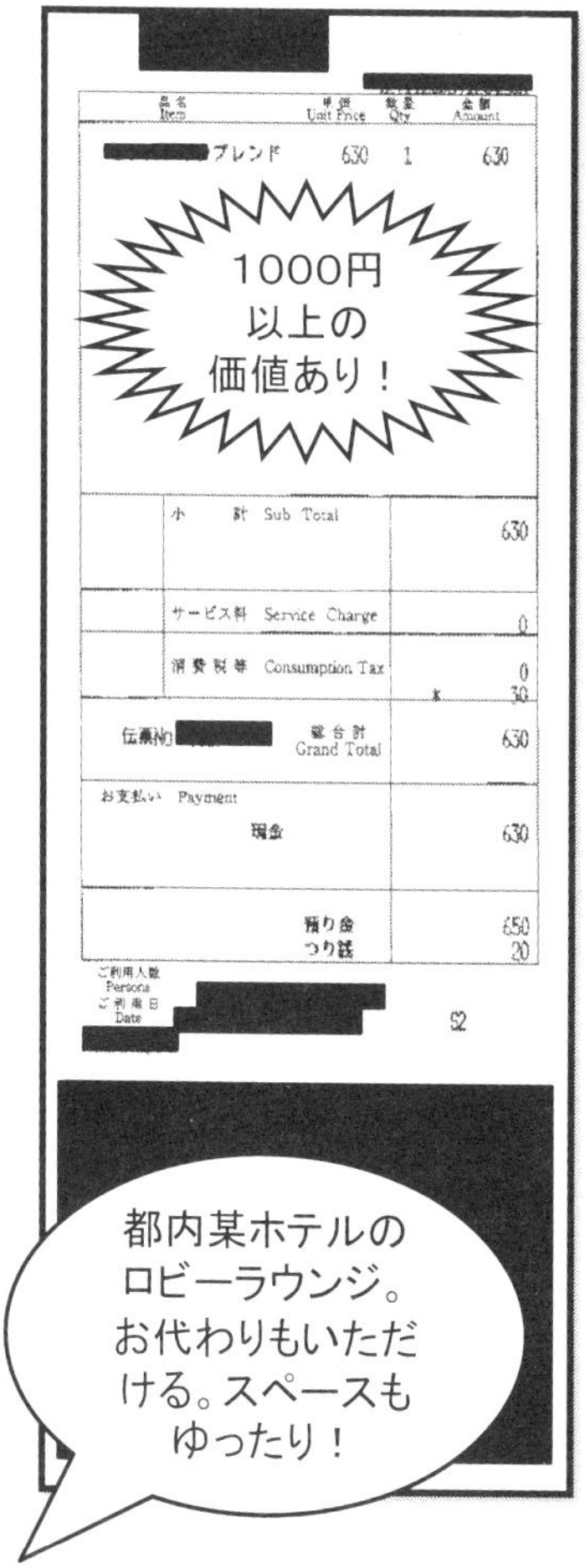
[redacted]
品名 Item 単価 Unit Price 数量 Qty 金額 Amount
[redacted]ブレンド 630 1 630
1000円
以上の
価値あり！
小計 Sub Total 630
サービス料 Service Charge 0
消費税等 Consumption Tax 0
＊ 30
伝票No[redacted] 総合計 Grand Total 630
お支払い Payment
現金 630
預り金 650
つり銭 20
ご利用人数 Persons
ご利用日 Date
[redacted]
52
都内某ホテルのロビーラウンジ。お代わりもいただける。スペースもゆったり！

SOGO
[redacted]
<領収証>
2012年[redacted]
[redacted]NBスニーカー
1091-2103-35
1コ ¥8,900
¥8,900
¥445
1点
¥9,345
¥10,355
¥10,355
¥1,010
2年以上探した理想のスニーカー。ヒールやサンダルではない靴を購入したのは何年振り!?

5年以上も前ですが、講師を務《つと》めさせていただいたとあるセミナーでのこと。主催会社が受講者に実施するアンケートの中に、

「今日のセミナーはあなたにとっていくらの価値がありましたか？」

と金額を書く欄を設けていました。セミナーの受講料以上の満足を感じていただけたかどうか、金額で評価してもらおうというわけです。講師としてはどのように評価されるのか緊張しますが、面白い試みだなあと感じたのを覚えています。


何でもかんでも金額で評価するということになると、味気ない気もしますが、

「このランチは1000円以上の価値を感じた。2000円払っても満足」

といった感想を持つことは、お金を上手に使う力につながります。


お金は何かと交換して初めて力を発揮する道具です。**何と交換したときに交換しただけの価値があったと感じるのか、どれだけの価値があると感じたのかを知ることで、お金の力を最大限に引き出すことができるのです。**

200円のコーヒーと400円のコーヒーに違いを感じるか?

仕事柄、いろいろなレシートを目にしますが、

「価格って本当にわからないなあ」

と感じます。

たとえば、外でコーヒーを飲む場合、下は200円くらいから上は1000円以上と何倍もの開きがあります。

なぜこれだけの違いがあるのでしょうか。もちろん、コーヒー豆やお水へのこだわりなどが価格に反映されていたり、店員さんの「人件費」も大きく影響したりすることでしょう。また、お店のしつらえや雰囲気など、コーヒー代には「場所代」も含まれています。

そういった経費に利益を上乗せして「価格」が決まりますから、単に、

「コーヒーを飲む」

といっても、その価格は大きく異なる可能性があります。

とはいえ、それはすべて、売る側の理屈。

経済学的には価格は需要と供給の関係で決まるものですが、現実の世の中では、そもそも、

「需要と供給」

という単純な関係で考えられないことがたくさんあります。

農家から出荷されたコーヒー豆が消費者にコーヒーとして届くまでに、いくつもの業者が介在し、需要と供給のバランス以上に関係者のパワーバランスで価格が形成されています。

結局、最終的な消費者の理屈は、あまり価格には反映されません。実際、私たちが日常の買い物の中で価格交渉をすることはほとんどありません。

だからこそ、消費者は、

「ジャッジするための価値観」

を持つことが大切です。ジャッジするとはいっても、

「このコーヒーは本場の高級豆だ！」

と判断する能力を持つ、という意味ではありません。

「自分にとって、200円の価値があるだろうか」

という判断をできるようにする、ということです。そのジャッジをせず、200円のコーヒーと400円のコーヒーに違いを感じないとしたら、400円のコーヒーを飲んでいるときには200円分無駄遣いをしているに等しいのです。

もちろん、立地条件やお店の雰囲気や店員さんの態度など、金額に換算できないものがたくさんありますから、それが値段に見合うものであるかどうかを判断するのは、とても難しいことです。それでも、普段から、

「この金額に見合うかどうか」

を意識するだけで、コーヒーを飲むこと一つとっても、より満足度の高いお金の使い方ができるようになるのです。

日々のランチだって同じです。とてもおいしい1000円のランチと普通においしい700円のランチ、ごく普通の味の300円のランチ。毎日700円のランチがいいと

いう人もいれば、１０００円と３００円を組み合わせるのがいい、という人もいるでしょう。味、雰囲気、ゆったり度合いなど、重視するポイントも違うもの。レシートを集めて、一つひとつの満足度を見直してみてください。最初はピンとこなかったとしても、徐々に感覚が磨かれてくるはずです。

ホテルのコーヒーがリーズナブルな理由

より満足度の高いお金の使い方をするために、ときには冒険してみることもお勧めします。

たとえば、

「ランチは1回１０００円まで」

などと決めつけず、行ってみたかったお店に飛び込んでみると、

「２０００円だけど、満足度は５００円ランチの10倍！」

というお金の使い方と出会える可能性があるからです。他の日はできるだけ安いランチにして、浮いた分で2000円のランチをいただくようにすれば、1か月のランチ代総額は変わらなくても、満足度を高くできる可能性はあるのです。

冒険してみることで気付くことは他にもあります。私にとって印象的だったのは、お金の使い方について話をしているときに友人が放った、

「ホテルのロビーラウンジなどでのお茶って、高くて贅沢だと思っていたけど、意外とリーズナブルだね」

という言葉。

たしかに、場所や状況にもよりますが、ホテルのロビーラウンジでのティータイムは、高いけれどリーズナブルであることも多々あります。お店の雰囲気がいいとかソファが座りやすいといった満足度もさることながら、

「何杯でもお代わりできる」

というお店があるからです。

1000円以上の料金でも、何杯もいただけるのであれば、1杯当たりは非常に安く

なりますよね。ゆっくりと過ごしたい日、時間がある日には、意外とリーズナブルだったりするのです。

実は都内のホテルに、税込サービス料込６３０円でコーヒーを何杯でもいただけるロビーラウンジがあります。空間もゆったりとしていて静か。よく利用するのですが、他の人にはなるべく教えたくない場所の一つです（笑）。

ちょっと贅沢をしてみると、

「あのお店はよいと思っていたけれど、こちらのお店に比べるとダメだったな」

と感じるようになるかもしれません。世の中のいろいろなサービスやモノの値段の情報を得ていくことで、価値観が磨かれるのです。

節約もとりあえず実行してみる

お金の使い方について見直す際の定番といえば、水道光熱費の節約や、携帯電話代の見直しです。

「水道光熱費の節約ってなんだかチマチマした感じで好きじゃない」

という方もいますし、私も以前は、

「面倒だなあ、そこまでして節約しなくてもいいや」

と思っていました。ところが、知り合いのファイナンシャルプランナーさんから知恵を授かったので、とりあえず実践してみることに。するとこれが意外に楽しいのです。コンセントを抜く、エアコンの使い方に気を付けるなどの努力が、電気代という数字になってわかりやすく表れ、ちょっとしたゲームをしている気分になるのです。

水道光熱費は預金口座からの引落にしている方も多いと思いますが、ぜひ、レシートに目を通してみてください。使わないときは電子レンジのコンセントを抜く、エアコンの温度を少しゆるめに設定する、などの省エネを意識するだけでずいぶんと変わります。

しかも、結果はすぐにレシートに表れます。数字で結果が見えるというのは、本当に励みになるものです。

数字の力については昨今のマラソンブームが証明してくれています。私は中学高校と陸上部に所属していました。８００メートルから5キロくらいまでのレースに出ていましたが、練習もレースも要は走るだけ。

「何が楽しいの？」

と友人から冷たい質問を何度投げつけられたことか。たしかに、その通りです。長距離なんて、単純で、苦しくて、何も面白くないように思えてきます。

それがどうでしょう。このマラソンブーム！

東京マラソンなんて、お金を出してでも抽選に申し込むという熱狂ぶり。おそらく、

「努力が報《むく》われる」

「達成感がある」

ということが、あれだけの人をひきつけているのでしょう。練習するとタイムがよくなるし、明確なゴールがある。その上、フルマラソンには、何とも言えない達成感があるもので、

「一度走ると人生が変わる」

と言われていることにもうなずけます。

おそらくお金についても同じことが言えるのだと思います。毎月のレシートを見て、自分の努力が報われているとやっぱりうれしい。**レシートを集めると、お金に関する努力が目に見えるようになるのです。**

マラソンをヒントにすると、もう一つ重要なのは達成感ということになります。お金で達成感を味わう手っ取り早い方法は「貯蓄」です。貯蓄用口座にとにかく貯蓄をして引き出さないようにする。少しずつでも確実に貯まるのを見ると、達成感があるのです。

お金との付き合いをどうすれば楽しめるか。ついつい気持ちが後ろ向きになりがちな節約でも、工夫次第で楽しむことができるのです。

Ｗｉ－Ｆｉ機器が必要か否か頭をまっさらにして考える

エアコン、温水洗浄便座、携帯電話やインターネットなど、今の時代は本当に生活するのに経費がかかる時代ですが、ガスや電気はともかく、本当に携帯電話やインターネットが必要なのでしょうか。

もちろん、私自身、携帯電話もインターネットも使っていますが、携帯電話の請求書、Ｗｉ－Ｆｉ機器の請求書を見るたびに、

「本当に必要なのだろうか」

と悩んでしまいます。

ないと不便です。固定電話を持たない我が家では、携帯電話は必要不可欠です。自宅のインターネットは、マンションの標準設備なのであまり深く考えませんが、仕事で利用するＷｉ－Ｆｉ機器などは、常に、

「それがないと本当に仕事にならないのか」

「それが利益を生んでいるか」

を問うようにしています。

たとえば、

「家にテレビがない」

という人は、意外と多いですよね。テレビが大好きな私にとっては考えられない話ですが、もしかすると、ないならないでどうってことないのかもしれません。テレビがなければ、だらだらとテレビを見続けることもなくなりますし、電気代も安くなって一石二鳥。そんな判断だってありえます。

インターネットも、便利ですが、自宅で利用できなくても問題ないのかもしれません。

特に、

「インターネット通販で、ついつい無駄遣いしてしまう」

「ネットサーフィンなんてしていないで、早く寝ればよかった」

などの問題は、自宅をインターネットに接続できない環境にしてしまえば、簡単に防止できます。無料のＷｉＦｉスポットや職場で利用すれば、それで済むという人もいるのではないでしょうか。

いたずらに昔を懐かしんで、

「昔はインターネットなんてなかったよね」

「不便だけど幸せだった」

と過去を美化したいわけではありません。便利なことはすごいことだと思いますし、その恩恵を受けての豊かな暮らしは幸せなことです。

一方で、ネットサーフィンで無駄な時間を過ごしてしまったなど、**その便利さに振り回されているようでは本末転倒**です。これくらいは**当たり前だと思っていることをリセット**し、**本当に必要かどうかを考えてみることもときには必要**です。

タクシー代は宅配料金と同じという考え方

一見、

「もったいない」

「贅沢」

だと思えるような支出が、実はそうでもない、というケースもあります。

たとえば、タクシー代やグリーン車の料金。ただ単に移動をすることだけ考えると、とても無駄な出費だと言えます。たいした距離でもないのに贅沢だ、という場合もあります。

快速・普通列車のグリーン車の料金は、休日であれば550円から。タクシーの初乗り料金は、都内近郊であれば一般的には710円からになります。コンビニエンスストアの傘1、2本の値段です。

雨が降ったとき、コンビニエンスストアで傘を買うのではなく、タクシーの初乗り料金でちょっと優雅に家に帰ることができたら、どちらがよい使い方だと感じるでしょうか。

ちなみに、私はタクシーとグリーン車は、割と気軽に利用します。金額的には、それほど贅沢ではないと考えているからです。

たとえば、お弁当を買ってグリーン車でいただけば、トータルの金額は外食プラスアルファくらいになりますし、お腹《なか》いっぱいになった後、眠れるのも最高です（笑）。意外とゆっくりといただくことができます。

タクシーも、外出が多いためによく利用しますが、移動ついでに原稿を出版社に届ければ、タクシー代は宅配便料金プラスアルファくらいで済むこともあります。都内であれば効率よくゆったりと移動できます。

しかも、金額的にはそれほど贅沢ではないと感じているにもかかわらず、かなり贅沢で優雅な気持ちになれます。ゆったりとできるので、心にゆとりも出てきます。お金を払った甲斐《かい》があったと感じるのです。

もちろん、答えは人それぞれですし、状況によって判断は変わってくると思いますが、お金は自分が気持ちよく生活するための道具である、ということです。

ところで、もし、タクシーやグリーン車が贅沢だという結論になったとしても、

「贅沢はしてはいけない」

というつもりはありません。

自分のお金を「贅沢」に使うのもその人の自由。

限られたお金を思いっきり贅沢に使うのも、素敵な使い方だと思います。

大切なのは、贅沢であるかどうかは、世間が決めることではなく、自分で決めるということ。

また、贅沢を「是」とするも「否」とするも自分で決めること。

世間や他人から見てバカバカしいお金の使い方でも、本人が価値を感じるお金の使い方をすることが大切なのです。

マッサージは無駄遣いか？

実はここ数年、増えてきた支出があります。それは、マッサージ代。そんな話を本書の担当編集者にしたところ、

「わかります。歳《とし》をとって増えた支出ってありますよね」

というお返事が（笑）。

手順③の作業の中で、マッサージの回数券のレシートをもらい忘れたことをメモしましたが、ここ数か月、毎月1万円くらいのマッサージ代を支出しています。

10年前の私だったら、この1万円は、

「無駄遣い」

と言っていたかもしれません。でも、今の私には「必要経費」。コンスタントに毎月必要な経費だとは思いませんが、マッサージに頼らざるをえないときがあると感じています。

無駄遣いをなくすことの重要性は何度もお伝えしましたが、何が無駄遣いであるかは、人それぞれの判断になります。10年前の自分と今の自分では判断基準が異なることもあります。

年齢を重ねることで必要になる支出、いろいろありますよね。女性であれば、美容代などもその一つ。美容院の白髪染めなども、無駄か必要経費か贅沢か、判断は人それぞれ。年齢を重ね、本当に体力がなくなってくると、タクシー代だって必要経費になったりします。

何にお金を使うと満足度が高くなるのかは、そのときどきで違うもの。疲れている日と元気な日でも違うでしょう。そのため、本当の無駄遣いは、家計簿ではなかなか見抜けません。レシートであれば、その日、そのときの支出内容について、無駄遣いかどうかを判断することができます。使った内容だけでなく、「その日そのときの満足度」が高くなるお金の使い方ができれば、それが上手なお金の使い方なのです。

ゴールドカードは見栄か？　実利か？

ゴールドカードなどを利用している場合に、年に1度だけカード利用明細に記される「年会費」の文字。

「お金持ちは会費のかからないカードを使っているのだろうな」

と、年会費の文字を見るたびに思います。さらに、

「年会費を払ってまでゴールドを持つ意味はあるか」

ということも考えます。

ゴールドカードを持つことによって、ゴールドカード会員専用のサロンが使えたりするなど、年会費に見合うサービスを利用できる可能性もあります。

「ゴールドカードってかっこいい」

「ステータスだから」

というのも、お金を出すに値する理由だと思っています。それでも、年会費分の価値があるものかどうかを年に1度くらい考えてみても損はありません。

ちなみにこれは「会費」全般に言えること。スポーツクラブの会費もいろいろな情報が得られる会員制サイトの会費も、本当にそれだけの価値があるのか。ほとんど利用しないという場合には、無駄な出費であると言わざるをえません。スポーツクラブに週1回通う程度であれば、公共のスポーツ施設を利用すればかなり安くなりますし、

「スポーツクラブの会員にならなかったら運動ゼロ。会員になっていれば少しは運動す

る」

ということであれば、運動サークルに参加した方がいいという選択肢も出てきます。他の選択肢と比較してみて、

「それでも意味がある」

ということであれば、それで問題ありません。もし少しでも、

「公共施設でいいや」

「ゴールドカードでなくて、会費のかからないカードでいいや」

と考えるのであれば、それはきっと会費を払うだけの価値を見出せていないのです。

余談ですが、スポーツ施設から図書館まで、日本の公共施設は本当に充実しています。本を書いている立場からすると、書籍は図書館で借りるだけではなく買ってほしいというのが本音ですが（笑）、豊かな国に生きることの恩恵を受けるというのは、賢い選択だと思います。

同じ1万円でも人生に与える影響は違う

もちろん、欲しいと思わなくても、お金を使わなくてはならない場合もあります。食べなくては生きていけませんし、住む場所がなければ困ります。最低限の人付き合いも必要です。必要経費は人生を維持するために必要なもの。本当に必要であれば、払う意味のある出費です。

人生は寿命までまっとうしなくてはならないものである、という前提に立てば、経済社会においては、何かしらの方法でお金を稼ぎ、生きていかなくてはなりません。そしてお金を稼ぐには、そのための経費がかかります。サラリーマンであれば給料という名の「売上」を得るために、衣食住や人付き合いのための経費を払う必要があるのです。

つまり、必要経費は給料という名の売上を得るための投資なのです。

そう考えると、お金を使うときには、常に投資の発想を持つことが大切だということです。

必要経費を投じて、収入を得る。

欲しいものを購入して、満足を得る。

まとまったお金を貯めておくことによって、安心を得る。

お金は何かを得るために払うべきものなのです。そして、満足や安心は、金額では測れないからこそ、投資効果を大きくすることが可能です。**1万円をちょっと満足できることに使うのか、飛び跳ねたいくらい幸せなことに使うのかで、同じ1万円が人生に与える影響が異なってくる**のです。

繰り返しになりますが、無駄遣いをなくす、節約する、というと、

「お金を使わない」

というネガティブなイメージが強いように感じます。でも、その本質は、

「投資にならない使い方をしない」

「投資効果の高い使い方をする」

ということなのです。

駅からさらに5分遠くに住むとしたら

もしも、今住んでいるところより、駅からの距離が徒歩5分遠いところに住んだら、家賃がどれくらい安くなるか。

駅からの距離が5分遠い物件を購入する場合、価格はいくら変わるか。

そんなことを考えたことはありますか？

どこの駅の近くに住んでいるかにもよりますし、物件の築年数にもよりますし、一概に駅からの距離で家賃や家の価格が決まるわけではありません。

でも、家賃であれば月5000円くらい安くなる可能性は十分にあります。

仮に月5000円安くなるとしたら、節約というよりも立派な「稼ぎ」になります。

駅からさらに5分遠い物件に住むと、

5分×往復×20日＝月200分

だけ通勤時間が余計に必要になります。それによって5000円が浮くのですから、200分で5000円の稼ぎと考えることができるわけです。計算すると、時給にして１５００円！

「会社や駅から遠い家に住むことで、通勤時間を無駄にしている」

と言われることもあり、それも一理あると思います。

一方で、その時間をかけることによって得られる効果を考えると、時間を無駄にしているとは限らない可能性もあるということです。

持ち家にしても考え方は同じです。勤務先から30分の都内に住むのと、1時間半かかる郊外に住むのとでは、同じような広さの物件であれば価格が倍以上違う可能性もあります。

もしも都内の物件と郊外の物件の購入価格が２０００万円違ったとしたら、交通費は勤務先から支給されているという前提に立つと、

通勤時間の違い：片道1時間×往復×月20日×12か月×40年＝１万９２００時間

物件価格の違い：２０００万円

時給換算すると：２０００万円÷１万９２００時間＝約１０４２円

の稼ぎになります。

もちろん夫婦共働きだったら時給換算額は半分になりますし、実際には時間の問題だけではない部分もあります。そもそも不動産について数字の問題だけで比較できるわけではありませんしね。

だからどちらが損だとか得だとか言いたいわけではありません。ただ、**投資発想を持って時間とお金の関係を冷静に整理してみると、単なる節約や苦労だと思ったことが、もう少し前向きな「稼ぎ」に変わるかもしれないということです。**

不動産の物件情報のチラシはだまっていてもたくさん手に入ると思います。チラシはレシートではありませんが、価格に関する情報を得られるツールであることは同じです。そういった価格情報に目を通してみると、よりよい選択肢が見えてきます。

「いくらで売れるか」を買う前から考える

不動産のプロには、

「新築は絶対に買わない」

という人が多いのを知っていますか？

新築物件は建物の質がわからないなどの理由も大きいと思いますが、何よりも、

「新築は高いから」

なのでしょう。

10年ほど前、都内に新築マンションを購入した際、とても印象的な出来事がありました。販売してくれた不動産業者の営業担当者に、

「この物件、どう思いますか？」

と聞いてみたところ、

「素敵な物件だと思いますけれど、私は買わないですね」

という答えが返ってきたのです。これから買おうというお客に向かって、大胆な営業マンですよね。理由はあえて聞きませんでしたが、「新築には資産価値がないから」「価格の割には資産価値が低いから」と言いたそうな雰囲気を感じました。実際には、売却時もよい価格がついたので、資産という観点から見てもよい物件でしたが。

一般的に、新築の不動産に人が住むと、その瞬間に2割から3割、価格が下がると言われます。つまり、新築の不動産は、購入して入居した瞬間に大きな損になるのです。

売却しなければ、その損を気にする必要はありませんが、いざというときには大きな問題になります。

3000万円の新築物件が、一瞬誰かが住んだだけで2500万円になってしまう可能性があるのですからね。

そう考えると、

「いくらで売れるのか」

というのは、買う前から考えておくべき、とても重要な問題だということです。

3000万円で購入し10年住んで2000万円で売れる家

と、

5000万円で購入し10年住んで4000万円で売れる家

があるとすれば、他の条件を同じにすれば（実際には他の条件が同じになることはないですが）、どちらも、10年で1000万円の家賃相当で住むことができた、という計算になります。いくらで売れるかという発想を持っていれば、どんな家を買うかという視点も定まるのです。

もちろん、新築は新築の香りがしますし、新築への満足感を抱く人もいるでしょう。ちなみに私は、中古の方が資産価値が高いと頭ではわかっていても、新築にあこがれるタイプです。不動産業者さんから、いろいろなお話をうかがうことのできる立場にいても、新築を購入することへの躊躇《ちゅうちょ》はありません。新築はやっぱりきれいで、好きなものは好きなのです。

と言いつつ、今住んでいるマンションは中古をリフォームしたものなのですけれどね。

なお、いくらで売れるのかを考えるべきは、家だけではありません。

たとえば、車も同じです。お金持ちが高い車に乗りたがるのは、単なるステータスや「お金があるから」という理由ではないのです。節税効果や売却額のことまで考えると、高い車に乗る方が投資効果が高いから。極端な話ですが、借金してでも高く売れるものを購入する方がいい、という判断もありうるのです。

他にも、

「時計は300万円以上のものを買え」

と言われますが、理屈は同じです。

高いものを買えということではありませんが、**安いものを買うだけが上手なお金の使い方ではない**ということです。

レシートや契約書、パンフレットなどで価格に対する情報を得て、広い視野と長い目で見たとき、上手なお金の使い方ができるようになるのです。

「安かった」とはどういうことか？

同じものを買うのであれば、できるだけ安く買うのは投資の基本ですが、そのために重要になるのが値段交渉です。

たとえば、家を買う際の家の値段や家賃についても、値段交渉をしてみないともったたいない！　分譲マンションを購入する際なども値段交渉で金額が下げられる可能性はゼロではありません。

家賃や家の購入価格を安くできれば、生涯収入に占める住宅関連の支出の割合が下がりますし、不動産業者に支払う仲介手数料も合わせて下がり、住宅ローンも少なくなれば利息も少なくなります。

3000万円の家を購入するときに1％の値引きに成功すれば、それだけで30万円の削減効果があり、さらに手数料やローンも減ります。1％なら、値引きもありうると思いませんか？

大きな買い物をするときに限って、ついつい気が大きくなり、細かい金額の違いを気にしなくなりがち。でも、そういうときこそ、ちょっとした金額の違いが長期にわたり大きな影響を与える可能性があるのです。

海外旅行のお土産屋さんで値段交渉をするように、

「同じものならできるだけ安く買う」

という工夫をしてみても損はありません。

なお、住宅ローン、保険など、すべてを総合して見直してくれるのがファイナンシャルプランナーという人たちです。一般的には、1時間、1万円くらいで相談に乗ってくれます。

高いように思えるかもしれませんが、それによって住宅ローンと保険料を合わせて毎月5000円削減することができたとしたら、2か月で元が取れますよね。

金額による明確な効果がわからなかったとしても、無駄な保険に入らずに済んだり、無理のないローンの額を知ることができリスクを回避できたりすれば、十分に元が取れるもの。無駄遣いに思えるかもしれない相談料が、より大きな無駄遣いを削減することにつながるのであれば、結果として「安かった」と言えると思いませんか？

英会話スクールに行かずに英語を身につける方法

英語を身につけようと思ったら、英会話スクールに行く。

和服を着られるようになろうと思ったら、着付け教室に行く。

何かの目的を達成しようと、安易にお金を払っていませんか？　そんなレシートはありませんか？

お金を払って学校に行くのは、選択肢の一つですが、物事を身につける方法はそれだけではありません。

英会話スクールでアルバイトをする、制服が和服の和食屋さんでアルバイトをするなど、仕事としてお金をもらいながら身につけていくという方法もあります。必要に迫られる分だけ、スクールよりも効果が高いことさえあります。

英会話スクールでアルバイトをするためには、そもそも英会話力がないと雇ってもらえない可能性はありますが、それならば、スクール運営のお手伝いのボランティアをすると申し出てみてはいかがでしょうか。それでも断られてしまう可能性もありますが、お金を払って身につける、と考えるようなものを、お金をもらって身につけられないかと真逆の方向で考えてみると解決策が見つかることもあります。

本気で何か目的を達成しようと考えているのであれば、安易にお金を出すのではなく、

「どうしたら達成できるのか」

を研究することがまず何よりも大切だということです。

学校へ行くことが目的ではなく、学んだり身につけたりすることが目的なのですから。

お金と向き合わないのは無責任

以前、大学のとあるゼミでお金のお話をさせていただいたとき、とても驚いたことが

ありました。

大学4年生に内定先の初任給はいくらなのかを聞いたところ、みな、

「知らない」

と言うのです。

もちろん、金額の話ですから、答えたくなかっただけかもしれませんが、本当に知らなかったとしたら、びっくりです。

「お金で就職先を決めたわけではない」

と言えば聞こえはいいですし、それが本心なのかもしれません。お金のことなど気にしなくてもいいほど希望する職種につけたのかもしれませんし、もしかするとお金も職種も構っていられないほどの就職難だったのかもしれません。

とはいえ、これからそのお給料で生活していくのに、いくらなのか知らないのであれば、どう生活すればいいのか見当もつきません。それは、社会人としては無責任であるとさえ感じます。貨幣経済社会に生きる以上、お金ときちんと向き合う姿勢を持たなくてはいけないのではないでしょうか。

みなさんは、給与明細とも毎月向き合っていますよね？　給与明細もレシートと同様、集めて目を通してください。そもそもの収入の額を把握していなければ、支出額を計算する効果は半減してしまいますから。

なお、給料の額に限らず、

「お金の話をするのは苦手」

という人は多いように思います。もしかすると、お金をすごく特別なものだと思っているのかもしれません。でも、お金は交換の媒体であって、金額は交換のための指標にすぎません。

そこにどういう意味を持たせるかは、人の心次第。

1万円を高いと思うのか安いと思うのか。

そこにある1万円の商品を高いと思うのか安いと思うのか。

お金をいただくことを卑《いや》しいと思うのか誇らしく思うのか。

それは結局、人間の心が決めるのです。

逆に言えば、**人間の心次第で、お金はどんな性格にでもなりうる道具。お金が幸せを**

もたらすかお金で不幸になるかは、どんな気持ちでお金と接するか、という価値観次第なのです。

手順5
レシートを読む。

繰り上げ返済は不動産価格を考えて

「繰り上げ返済をすべきか、できるだけ返済を遅らせるべきか、それが問題だ」と住宅ローンについて頭を悩ませている人はいませんか？

これについてはどちらの意見もあって、どちらが正しいということはありません。状況や考え方によって異なるので、結局は自分で決断するしかありません。

借金をしていれば利息も発生しますし、返済できなくなったときには家を手放す必要なども出てきます。その点では、借金はできるだけ早く返済した方がいいでしょう。

一方、住宅ローンは非常に低金利だから、無理に繰り上げ返済せずにその分、貯蓄を増やしたり運用したりする方がいいだろう、という考えもあります。その点では、できるだけ長く借りていた方がいいでしょう。

では、結局どうしたらいいのかというと、不動産の価格との関係で判断することをお勧めします。

不動産を今売ろうとしたら1000万円だとわかったとき、住宅ローンが120

0万円残っていたら、いざというときに家を売っても住宅ローンを返済できず、非常に危険ですね。そこで、家を売れば住宅ローンが完済できる水準までは、頑張って繰り上げ返済を進めるとよいのです。

それ以上の繰り上げ返済は、本当に資金に余裕があれば進めればいいでしょうし、利率が上がるなど、ローンに不利な条件が出てきてから動いても遅くはありません。

それよりも、無理してローンを返済しようとするあまり、手元のお金がなくなって、その分をクレジットカードの利用などで穴埋めをしたとしたら、本末転倒です。

住宅ローンについて、あえてルールを作るならば、

「ローン残高が現在の住宅価格以下になるように返済する」

「定年退職時にゼロになるように返済する」

という2点。

くれぐれも、繰り上げ返済をしたら、日々のお金が足りなくなって、新たな借金をしなくてはならなくなった、ということのないように。

手順6

レシートから人生を考える。

レシートに表れる自分の価値観

「本当に大切なことにお金を使っていますか？」

という問いに、堂々と、

「はい」

と答えられる人は意外と少ないのではないでしょうか。あるいは、そもそも、

「大切なことって何？」

と思われるかもしれません。

何が大切であるかは、それぞれの価値観の問題です。たとえば、何よりも家族が大切という人もいるでしょうし、よい家には興味ないけれどおいしいものをいただきたいという人もいるでしょう。中には、

「あれもこれも全部大切！」

という意見もあるかもしれませんが、**本当に自分の価値観と向き合ったときに、何もかもが平等に大切だと感じることはないはずです。**人はそれぞれ、自分の価値観を持っ

ているものです。

とはいえ、価値観なんて目に見えませんし、普段から常に意識するものではないでしょう。その価値観を具体的な形で見せてくれるのが、レシートです。

本来は、お金はそれぞれの価値観に合わせて使われるべきものですから、自分の価値観がお金の使い方に表れてくるはずです。レシートはそのお金の使い方を記録したものですから、価値観という目に見えにくい抽象的な概念を、「見える化」してくれるツールなのです。

もちろん、レシートが価値観のすべてを「見える化」してくれるわけではありませんが、レシートを集め、見直すことで、自分の価値観と向き合うことができるのです。

お金は好きなことに使う

当たり前すぎるくらい当たり前のことなのですが、お金というのは使って初めて意味を持つ道具です。持っているという満足感や安心感というのはありますが、お金を持っていてもお腹は膨れません。寒さもしのげません。

よく、

「お金を貯める方法」

を質問されるのですが、お金は貯めるためにあるものではありません。あくまでも使うためにあるものです。

だから、お金を貯めることが重要なのではなく、どう使うかが重要になるのです。そして、何に使ってもよいのですから、好きなことに使えばいいのです。

ただ、しつこいようですが、

収入>支出

である、という制約があります。この制約は、収入の多寡《たか》にかかわらず、経済社会に生きる全員に課せられています。だから、好きなようにお金を使う、といっても、好きなだけ使えるわけではないということです。

限られたお金を、好きなことに使わなければもったいないのです。すべて自分の望み通りにお金を使えたら、素敵だと思いませんか?

でも実際には、好きなことにだけお金を使っている人は、少ないのかもしれません。たいして行きたくなかった飲み会、仕方なく払う家賃など、「仕方なく」支払わなければならないものもたしかにあるからです。

私にもあります。今のところ洋服や宝飾品にほとんど興味がありません。でも、お仕事の関係で服装に気を遣わなくてはならない場面が多く、年間の衣装代はそれなりにかかります。

衣装を探して歩くことに苦痛を感じるときさえあります。とはいえ、スタイリストさんにお願いするほどでもありませんから、仕方ありません。

「仕方ない」は無駄遣いを引き起こす2大ワードの一つだと手順②のところでも触れましたが、実際には、仕方ない支出があるのです。

そう考えると、**仕方ない支出も含めて、どれだけ好きなことにお金を使えるかが大切**になります。その力を私は「消費力」と呼んでいます。

嫌いな飲み会を有意義にする工夫

仕方ない支出を、単に「仕方ない」で済ますのではなく、「本当に仕方なかったのか」と追及してみることは意味があります。本当に仕方ない支出であれば、生きるために必要な支出ということになります。それは必要経費ですから、避けて通ることはできません。ただし、仕方ないで「済ます」のではなく、必要経費として少しでも上手に使えるよう立ち向かってみてください。

たとえば、経費削減できないかを工夫してみるということです。必要経費をできるだけ少なく済ませることができたら、好きに使えるお金の額は増えるのですから。単に金額を減らすだけではなく、コラム1に書いたように、必要経費から少しでもクレジットカードのポイントを貯めることができたら、それは実質的な削減になります。

また、必要経費であっても、単に「仕方ない」にならないよう、工夫するという対処もあります。

十数年前、まだサラリーマンだった頃、会社の飲み会が苦痛だった私は、飲み会の前に友人に電話を入れました。

私「飲み会、行きたくない。お金ももったいない」
友人「じゃ、行くのやめればいいじゃない」
私「付き合いだし、普段断ってるから、今日くらい行かないと……」
友人「じゃ、仕方ないじゃない」
私「でも憂鬱《ゆううつ》」
友人「本当に仕方ないなら、開き直るしかない。少しでも楽しめるよう、工夫や努力をしてみては?」
私「工夫って?」
友人「飲み会に来る人が全員嫌いなわけじゃないでしょ? 食べ物も飲み物もあるんでしょ?」

と、こんな感じの会話を繰り広げました。友人の言葉に妙に納得したのを今でも覚えています。

仕方ないと言っているだけでは何も始まりません。必要経費が少しでも有意義な出費となるよう、工夫や努力はしてみるべきだと感じました。

結局、話をしてみたい人の近くに行ってみる、可能な範囲で食べたいものや飲みたいものをいただくようにする、という程度の工夫しかできませんでしたが、少し飲み会を楽しめるようになりました。

お金を支払う以上は満足度が高くなるように工夫する。

少し図々しくなって好きな食べ物を注文してみれば、人生が変わっていくのです。

「普通の幸せ」とは何か？

「本当に大切なものにお金を使っているか」

を確かめるためにレシートを見直そうとすると、

「そもそも、本当に大切なものとは何か」

「自分は何にお金を使いたいと思っているのか」

がわかっていなければ、答えが出ないことに気付きます。

そこで、考えてみてください。人生において本当に欲しいものは何なのだろうか、ということを。

究極的には、幸せな人生とか、普通の人生とか、そういった答えが出てくる人が多いのだと思います。

それでは、幸せな人生や普通の人生とは何でしょうか。ここからは、人によって答えが異なってくるでしょう。何事もない平穏無事な人生を幸せだと感じる人もいれば、刺激的でエキサイティングな人生に幸せを感じる人もいるかもしれません。普通の人生を望むとしても、何をもって「普通」だというのかわかりません。

年齢や状況によっても変化するでしょう。独身のときは仕事が生き甲斐だったのに、運命の人に出会った瞬間、結婚生活が何よりも大切になることだってあります。

何を望んでいるかという明確な答えを出そうと言いたいわけではありません。ただ、何を望んでいるのか、自分と向き合ってみようということです。そして、お金は、そういう人生を送るための道具だということです。

何かしらの望みがあって、それをかなえるためにお金を使う

ということが大切なのです。それが満足度の高いお金の使い方なのです。

自分がお金を何に使いたいか見えてくると、それ以外のことにお金を使うのはもったいないと感じるようになります。以前起業をしたいという知人の相談を受けたときこんなことがありました。

知人が、

「オフィスを借りるかどうかすごく悩んだ。でもオフィス1か月の家賃はブランドもののバッグより安い。私にとってはオフィスにお金を使う方が価値がある」

と言ったのです。

実は私も、オフィスやビジネスにお金をかけるのが一番好きなのでこの意見には本当に共感しました。そして、こういう見極めを積み重ねると、使うところには使うけれど、使わないところには使わない、という力が養われていくのです。

五つの質問で自分の価値観を浮き彫りにする

とはいえ、「幸せ」「普通」といったつかみどころのない望みだけを抱いていても、それが具体的にお金をどう使うかにはなかなか結びつきません。

そこで、何が大切かを考えるために、みなさんに五つの質問をしてみましょう。

1. 衣食住のどれを重視しますか？
2. とてもおいしいけれど内装がいまいちのレストラン、お店の雰囲気はすごくいいけれど味はいまいちのレストラン、どちらに入りますか？
3. お金と時間、どちらかもらえるとしたらどちらが欲しいですか？
4. 今苦労して将来ラクをするのと、今を楽しんで将来苦労するのと、どちらを望みますか？
5. 「得」になるようにお金を使うこと、「楽しく」なるようにお金を使うこと、どちらが好きですか？

1から5は、現実の世界では二者択一の問題ではありません。また、人間の価値観はもっと複雑で、上記の質問に対して、どちらかを選べるほど簡単に割り切れるものではないこともわかっています。

正解や不正解もありませんし、どちらでもない、という答えもありです。ただ、どちらでもない場合には、それなら何なのか、ということを考えてみてください。

たとえば、2のレストランについて。どちらも嫌だ、という人もいるでしょう。それならどんなレストランを望むのかをきちんと考えてみてくださいということです。

質問に対して自分なりの答えが出せることがまず重要で、さらに、その通りにお金を使うことが重要なのです。

ちなみに、上記五つの質問に対する私の答えは、以下の通りです。

1．絶対的に「住」を重視します。着るのも食べるのも、あまりこだわりはありません。こんな家に住んでみたい、こんなエリアに住みたい、という希望もあります。

今は、一度は住んでみたかった広いリビングのあるマンションにいます。

衣食住に関しては、実際の支出もまったくその通りになっていると思います。

2. これは、味も内装も、と言いたいところですが、あえて選ぶとすると私は雰囲気重視です。雰囲気まで含めて「味」だと思っているので。だから、たとえば、ホテルでの食事は大好き。実際によく利用します。

また、誰と一緒に食事をいただくか、も大切です。大切な人たちとの食事は、お店や金額や味を超えてものすごく高い満足感を得られます。食事に限らず、大切な人と時間を共有するときにお金を使うことは私にとって一番満足度の高い使い方です。実際にそのように使っています。

3. 時間ですね。タクシーやグリーン車を利用するのはそのためでもあります。忙しいから、というよりも、ゆとりを持っていたいから。時間に追われたり、人混みの中に長時間いたりすると、ストレスがたまります。時間や空間にゆとりがあれば、心にもゆとりが生まれます。それによって仕事がうまくいったり、人間関係が円滑になったりします。時間や空間があることによる心のゆとりは、お金では買えない効果をもたらしてくれます。

4. 今苦労をする方ですね。悲観的な性格なので、将来の不安を残したまま今を楽しむなんてできません。だから、将来のための貯蓄などもきっちりできるタイプです。

5. 楽しくなるようにお金を使うことが好きですね。そのため、たとえば、バーゲンに合わせて買い物をするということはしません。平日の昼間、お客さんが少ないデパートで、店員さんとコミュニケーションを取りながら買うのが楽しみです。また、話が弾んだ店員さんからは購入しますが、そうでもなかった場合には買わないことも多いです。同じ商品でもより気持ちよく買うことのできる店舗で買うことにしています。
お金を使うことを「楽しい」と感じないときにはできるだけ使わないことにしています。

もちろん、この五つの質問だけで、価値観がすべて具体的になるわけではありません。ただ、価値観とお金の問題を具体的に考えるためのヒントになると思います。そして、質問に対する答えと実際のお金の使い方にズレがあるようでしたら、お金の使い方を見直す必要があるということです。

無限にお金を使える人はいない

もし、

「好きなだけお金を使える生活」

を望んでいる人がいたら、それはかなわない望みなのですぐにあきらめてください。

2012年の世界一のお金持ちは、カルロス・スリムさんという実業家で、資産総額は5・6兆円だそうです。それに加え毎年の収入もたくさんあるのでしょう。でも、そんな世界一のお金持ちでも、使える額は生涯収入の総額に他なりません。

無限にお金を使えるわけではないのです。もちろん、世界一のお金持ちの方の金額規模は、私にとっては無限大のようなものですけれどね。

使えるお金の額には限度があるのですから、前述の五つの質問に対しても、

「衣食住全部大切！」

となってしまっては危険です。その中でも、特にどれが大切なのかを見極めてみてください。

なお、本当に欲しいものは、本来は、五つの質問のように何かと比べて考えるものではありません。他のものと比較して相対的に欲しいのではなく、もっと絶対的に、

「これが欲しい」

「これが好き」

と感じるものこそが、本当に欲しいものだと思います。

人生においてそういうものや人と出会えたら、それは幸せな人生と言えるかもしれません。

今あるものをまず活用する

レシートを集めて見直してみたとき、「いろいろなものを購入しているなあ」と感じた人もいるでしょう。きっと多くの人が、もうすでにたくさんのものを持っているのです。外部のトランクルームがビジネスとして成り立つのがその証拠。それならば、まずは自分が今、持っているものを活用するということも大切です。

着ないままになっていた服があるなら着るなり売るなり、対処してみるということです。

読まないまま積まれた本があるなら、新しい本を買う前に読んでみるなり売ってみる。今は、インターネットオークションを利用すれば個人でも簡単にものを売ることができる時代ですし、古本や古着を売る術《すべ》はたくさんありますよね。

モノにあふれた現代では、自分の持ち物を常にすべて把握しているという人は少ないのではないでしょうか。それなのに、

「これが足りない」

「あれが欲しい」

といった欲求が生まれてくるのであれば、満たされることは永遠になくなってしまいます。

すでにあるものを活用することから考える。

何が足りないのか、何が欲しいのか、以上に、

「すでに何があるのか」

を考えてみてください。

欲しい理由を父にプレゼンした子供時代

景気がよくないとはいえ豊かなこの時代。そんな中で確固たる価値観を持つことは本当に難しいと感じています。

それは、ちょっとしたものならすぐに手に入ってしまうからです。

ブランド品、外食、旅行、ちょっと豊かな暮らし。

少し無理をすれば、テレビや雑誌で見たものがすぐに手に入ります。

でも、これはとても怖いことだと感じます。それだけ簡単に手に入ると、

「本当に欲しいものなのか」

「本当に必要なのか」

を深く考えなくなるからです。深く考えなくなると、

「どちらかと言えば欲しい」

という程度のものを、

「自分の欲しいもの」

と錯覚してしまいます。そして、

「私は自分の本当に欲しいものを買っている」

などと言いながら、実際にはほとんど着ないまま忘れ去られた衣服がクローゼットにあふれかえり、たいして思い出にも残らなかった海外旅行の跡としてパスポートのスタンプだけが無駄に増えていくのです。

もしくは、

「全然お金が足りない」

と欠乏感だけが大きくなっていきます。

本当にそのブランド品が欲しかったのでしょうか。そのお店に行きたかったのでしょうか。旅行にはそれだけのお金をかけた価値があったでしょうか。

私が子供の頃、父に誕生日プレゼントやクリスマスプレゼントをお願いするときは、プレゼンが必要でした。

「どれくらい欲しいのか、なぜ必要なのか」

が父に伝われば、プレゼン成功でプレゼントゲット。もちろん、どれくらい欲しいのか、というのは気持ちの問題ですから、説得するのは難しいのですけれど、子供なりにリサーチをして、どのくらいすぐれているのかを説明したものです。

一方、必要性などが伝わらなければ、却下。ちなみに、

「みんなが持っているから」

というおねだりは、

「それでは理由になっていない」

と即、却下でした。数年間にわたり訴え続けたファミコンはとうとう買ってもらうことはできませんでした（笑）。

何と、塾へ行くのにも、プレゼンが必要だったんですよ。高校受験の際に、

「塾へ行く必要などない」

と言う父に対して、母が、どうして塾が必要であるかを延々と説明。中学3年生の後半のみ、塾へ行くことを許されたのでした。

子供の頃はそんな環境を少し窮屈だと感じていました。どんなに頑張っても「本当に欲しい」という気持ちは、他人には見えないものだからです。でも、この経験が、

「本当に欲しいものは何なのか」

を知るための、自分の心と向き合うトレーニングになっていたと思います。

本当に欲しいものに「もっといいもの」はない

本当に欲しいものを見極め本当に欲しいものにお金を使う消費力が身につくと、逆にたいして欲しくないものにはお金を使わない力も養われます。

また、欲しいものはあるけれど金額的に買えないような場合に、同じような安いものを妥協して買うのではなく、妥協するなら買わない、という力も養われます。

この、欲しいものを買えない場合に、

「欲しいものは高くて買えない。だから買わない。妥協はしない」

という力は本当に大切です。

お金は、

「あるから使う、買えるものを買う」

ものではありません。それでは、満足度の低い使い方になってしまうのです。そして、妥協をしているからいつまでも満足できず、また余計なものを購入してしまうのです。本当に欲しいものを手に入れると、本当に満足することができるものです。「もっといいもの、もっと高いもの」なんて欲望が肥大化することはありません。だって、絶対的に欲しいと思っているものに、「もっといいもの」なんてないのですから。**もっともっと、と思ってしまうのは、今を妥協している証拠。**本当に欲しいものを見極めることが大切です。

損得で考えると視野が狭くなる

お金と向き合おうとすると、つい計算してしまうのが「損得」。もちろんその冷静さも必要ですが、それだけでは本当に欲しいものは手に入りません。

たとえば、「家」に求めることは人それぞれ異なるはず。本当に自分の住みたい家とはどのようなものであるかを真剣に考えている人は、意外と少ないように感じます。

大切なのは、持ち家と賃貸ではどちらが得か、という議論ではなく、家に何を求めているのか、という点なのです。損得よりも「どうしたいのか」という自分の気持ちと向き合わなければ、人生が損得だけで定義されてしまうのです。

〝生活レベル〟という基準に惑わされない

数年前、都内のど真ん中のマンションから、出身地でもある千葉のマンションに引っ越しをしました。都内のマンションを売り、千葉のマンションを購入したのです。

目的は二つ。生涯収入に占める住居費の割合を下げることと、年配の両親のサポートをしやすいようにすることでした。

いろいろな人から、

「便利なところから不便なところに移って大丈夫なの？」

というご心配をいただきましたが、言うまでもなく、都内に仕事に出るのに不便にはなりました。でも、住居費の割合は半減しましたし、居住空間は広くなりましたし、プラスの面もたくさんあります。

今より不便になったり、支出を減らそうとしたりすると、

「生活レベルを下げるのは大変」

といった言葉を口にする人もいますが、そもそも、

「生活レベル」

という言葉自体があいまいなもの。安易に、

「生活レベルが下がって大変」

と考えるのは、短絡的だと感じます。誰もが、

「便利な暮らし」

「贅沢な暮らし」

を望んでいるとは限りません。また、お金をかけることが贅沢であるとも限りません。本当に望む生活は、人それぞれ、全然違うものなのではないでしょうか。

知らず知らずのうちにお金が貯まる習慣

貯蓄することが大切なのではないと前述しましたが、いわゆる現役世代であれば貯蓄は必須です。老後のお金が必要だからです。

20歳から60歳まで40年働いて、その収入を20歳から80歳の60年で使って生きていくと仮定してみてください。60歳から80歳までの給料のない時期は、年金とそれまでの貯蓄がないと生きていけません。

年金があてになるかどうかわからないこの時代、老後の備えは必須です。40年で得た収入を60年で配分するとなると、現役世代は収入の3分の2を使い、3分の1を老後の蓄えにとっておかなくてはならない計算になります。

だから、一定の生活費で暮らせる習慣が大切になります。レシートの生活費の総額が、常に予算内に収まれば、収入の多い月には知らず知らずのうちに貯まっていくのです。知らず知らずのうちにお金が貯まっていくようになったら、本当にラクになりますよ。

「貯蓄しなくちゃ」

と思うと、

「その分使えるお金が減る」

ということばかり考えてしまいます。でも、

「この予算で暮らす」

となれば、その予算をいかに上手に使うか、ということに意識が向いていきます。

また、収入が増えても支出を増やすことなく生活ができるということは、お金に振り回されることなく、お金をコントロールできているということに他なりません。

お金をコントロールして生きていけるというのは、

「少しくらい収入が変動しても大丈夫」

なのだという大きな安心にもつながるのです。

レシートで生活状況をチェック

レシートを見ると、そのときの生活の状況も浮き彫りになります。

たとえば、手順③で集計した私のレシートを見ると、ひどい食生活であることがよくわかります。昼も夜も外食が多く、頻繁にオロナミンCを買い、いつもは食べないスナック菓子を買っている日も数回あります。

夜ご飯の時間も遅い！

レシートには、時間が記されているものも多いので、いつ、どこにいたかもわかってしまいます。通常、夜ご飯は6時にいただくことにしているのですが、この月は、8時を過ぎていることも多々ありましたね。その上、家でスナック菓子。

実は、仕事が忙しかったことに加え両親が入院するという事態に陥った月だったので、本当にひどい状況でした。ダメな自分も愛おしいですが（笑）、レシートというのは、現実をしっかり見せてくれるものだなあ、と感じます。

食事の記録などしなくても、レシートを見れば、だいたいどんな食生活をしているかはわかってしまいます。

レシートからわかるのは、お金の問題ばかりではありません。

夜遅くコンビニエンスストアに行っている日が多い、といった生活パターンもわかります。来月は気を付けよう、ということになるでしょう。

食事の状況、運動の状況、生活のリズムなども、浮き彫りにされます。

どんな人生であっても、体が資本。健康が基本。

衣食住の中で、どんなに家が大切でも、体を壊して入院ということになったら、お気に入りの家を購入しても意味がありません。

レシートで生活を見直して、健全なレシートになるようにしなくてはなりません。

すべてのレシートを幸せに結びつける

収入>支出

という制約はありますが、基本的に、私たちは自由に自分のお金を使うことができます。どう使おうと自由です。

でも、世界中の商品やサービスを簡単に購入できてしまう今の時代、選択肢が無限にあるがゆえに、いったいどうお金を使っていいのかがわからなくなっているような気がします。

その答えは、誰も教えてはくれません。なぜなら、お金の使い方に万人共通の正解はなく、好きなように使えばいいだけの話だからです。

使えるお金が限られている以上、何かに使ったら、他の何かに使えなくなるのも確かです。そうだとすれば、本当に欲しいものを手に入れるためにお金を使うことが、上手なお金の使い方だと言えるのです。

レシートは、お金を使うたびに発行されます。そのため、**すべてのレシートが幸せに結びつくようにすれば、常に幸せのためにお金を使うことができている**ということになります。

レシートを受け取るたびに、自分に聞いてみてください。

「本当に欲しいもののためにお金を使うことができただろうか」

と。

そうやって自分の価値観と向き合うことで、人生は少しずつ変わっていくのです。

レシートが生活を見守ってくれる

知人と一緒にタクシーで目的地に向かったときの話です。タクシー代を知人が払ってくれたため、私は支払うことなく、レシートも受け取りませんでした。

ところが、知人がタクシーの中に忘れ物をしたことに気付きます。

「レシートがあったら、電話番号もすぐにわかるのに。普段だったら絶対にもらっているのになあ」

と思いました。

タクシー会社もわかりませんから、地元のタクシー協会さんなどに連絡をするくらいしかできませんでした。乗った場所、時間、行先はわかっていたので、後日、荷物は無事に見つかりましたが、あらためて、

「レシートはきちんと受け取ろう」

と思いました。

忘れ物の発見に役立つのは、タクシーのレシートに限った話ではありません。1日分のレシートを全部見直せば、何時にどこにいたか、だいたいわかります。その

ルートをたどれば、忘れ物に出会える可能性はかなり高くなるでしょう。

しかも、レシートがあるから、自分のものである証明もしやすい。

レシートは、日記や手帳以上に、自分の生活を見守ってくれる記録なのです。でもときどき、レシートの日付が間違っていることもあるので要注意ですけれどね！

手順7　レシートを味わう。

～「おわりに」に代えて～

貨幣経済社会というのは、本当に便利でありがたい環境だと思います。

私がどんな人格の人間であろうとも、100円を出せば100円の商品やサービスを、1万円を出せば1万円の商品やサービスを購入することができます。

農家の苦労を知らなくても、調理法を知らなくても、レストランで食事をいただくことができます。

自分たちの手に負えなくなった家族の介護を他人にお願いすることができます。

海外の商品だってあっという間に手に入ります。

貨幣経済社会においては、お金は時間も空間も飛び越えることができ、「お金で買えるもの」であれば誰でも手に入れることができうるのです。

でも、だからこそ怖いと感じます。お金でモノが手に入る社会では、

お金を持つこと＝人間としてすぐれていること
お金を持つこと＝人生において大切なこと
という価値のすり替えが生じやすいからです。「人間としてすぐれている」とはどういうことかそれ自体が抽象的な問題ではありますが、お金の有無が人の評価に大きな影響を与える傾向は否定できません。

もちろん、お金を手に入れる能力のある人が、その面においてすぐれていると評価されるのは当然です。

でも、本当は、お金があれば商品やサービスが当たり前に手に入るわけではないのです。商品やサービスが私たちの手元に届くまでには、地球の力を借り、たくさんの方々の手を介し、ときにはたくさんの苦労を伴います。生産活動があるから、それをお金という道具を介して手に入れることができるにすぎないのです。

お金は人生を助け、望みをかなえてくれる強力な道具。でも、お金自体が偉いわけでもなければ、お金があれば当然何かを手に入れられるわけでもありません。

そう考えると、「お金を使う」ということに対して、常に真摯であるべきだと思うのは、発想が飛躍しすぎでしょうか。

商品やサービスが生まれるまでのことを想像してみると、たとえ額が1円であっても、お金を支払うということは責任を伴う行為です。商品やサービスをありがたく受け取るという責任、きちんと使うという責任、処分するそのときまで管理する責任etc.……。

安価な商品やサービスがどんどん供給される世の中にいると、お金の使い方は安易になりがちです。

でも本当は、お金を払って商品やサービスをいただくという取引の向こう側には、想像もできないほどの安易でない世界が存在しているのです。

それどころか、安価な商品が手に入る世の中は、誰かの犠牲の上に成り立っている可能性もあります。地球が犠牲になっている可能性もあります。

それを想像することなく、

「お金を出しているのだから、手に入るのは当然」と考える自分にはなりたくない。1円と100万円を区別するような自分にはなりた

くない。そう思っています。

レシートは、常にそれを見つめ直させてくれるツールです。

レシートを見ながら、私は二つのストーリーを描くことにしています。

たとえば、老舗和菓子屋さんのレシートを見たとき、一つめのストーリーはこんな感じ。

この日は、コンサルタント仲間に聞きたいことがあって、彼の事務所を訪ねることになっていました。先方の事務所まではタクシーで移動したのですが、その途中で、老舗和菓子屋さんを発見。そういえば、手土産を持ってこなかったなと気付き、和菓子屋さんで購入することに。

私が手土産によく使うとある商品を購入しようとすると、その商品が季節限定のパッケージで売られていました。とてもかわいいデザインだったので、それを購入。

相手の事務所にどれくらいの人数がいるのか、よくわかっていない状況だったので、適当な数を購入。今思えば、訪問前にもう少し配慮すべきだったと反省。

それを持って事務所を訪問。数年ぶりに会ったその方は、まったく変わっておらず、話が弾み、楽しい時間を過ごすことができました。

ちなみに、持っていったお菓子の数は、「帯に短しタスキに長し」で、ものすごく中途半端でした（笑）。

これが一つめの「その日の私のストーリー」。

同じレシートを見たときの、もう一つのストーリーは……。

季節限定のパッケージを作ってるんだな。和菓子だけど箱もモダンでかっこいいな。1日に何個ぐらい売れるのかな。

販売している人は正社員だろうか、パートさんだろうか。

このお菓子はどこでどうやって作られているのだろう。工場かな。工場はどこにあるのかな。いつ作られたのかな。製造過程はどこまで自動化されているのだろう。食べ物工場って、衛生管理とか大変なのだろうな。

物流はどうなっているのかな。

原材料はどこのものだろう。

ここに至るまでに、どんな人々が関わっているのかな……。

これが二つめの「私が商品を手に入れるまでの想像のストーリー」。後者は、まったくの想像です。だから答えはわかりません。実際には、私の想像以上に大変な過程を経て、店舗に並んでいるのだと思います。

お金を払うという行為は一瞬でも、実はその裏にこれだけのストーリーが存在しているものだと思っています。だから、感謝しても感謝しきれないし、味わっても味わいつくせないものなのです。

そして、1枚1枚のレシートすべてに、これだけのストーリーを描けるような生き方ができたら、とても素敵だと思っています。

安易にお金を使っていては、いつまでたっても欲しいものは手に入りません。

金額を見て買うか買わないかの決断をしているうちは、心は満たされません。

レシートを集めて、お金の使い方を見直してみませんか？

1枚のレシートで人生を語れるくらいの味わい深いお金の使い方をしてみませんか？

レシートを集めることで、人生を変えることができる。

私はそう確信しています。

[著者略歴]

平林亮子（ひらばやし・りょうこ）

公認会計士。1975年千葉県生まれ。お茶の水女子大学在学中に公認会計士2次試験に合格。卒業後、太田昭和監査法人（現・新日本有限責任監査法人）に入所し、国内企業の監査に多数携わる。公認会計士3次試験合格後、独立。現在は、経営コンサルタントとして、企業経営から個人の家計まで、破綻したお金のバランスの立て直しを行うほか、テレビ出演、大学やセミナー、企業研修等での講師も務める。主な著書に『相続はおそろしい』『お金が貯まる5つの習慣』（ともに幻冬舎新書）、『会計についてやさしく語ってみました。』『「1年続ける」勉強法』（共著）、『決算書を楽しもう！　先生といっしょに読み進めるあたらしい決算書入門。』（以上、ダイヤモンド社）、『父から娘へのリッチな人生のための黄金の泉と7つの教え』（インデックス・コミュニケーションズ）、『1日15分！　会計最速勉強法』（フォレスト出版）などがある。

ブックデザイン　水戸部 功
図版　ホリウチミホ
写真（本文内）　菊岡俊子

レシートで人生を変える7つの手順

もらって、集めて、眺めるお金術

2013年2月15日 第1刷発行

著　者　平林亮子
発行者　見城 徹
発行所　株式会社 幻冬舎
〒151-0051
東京都渋谷区千駄ヶ谷 4-9-7
電話 03(5411)6211(編集)
03(5411)6222(営業)
振替 00120-8-767643
印刷・製本　中央精版印刷株式会社

検印廃止

ISBN978-4-344-02335-2 C0095

幻冬舎ホームページアドレス:http://www.gentosha.co.jp/
この本に関するご意見・ご感想をメールでお寄せいただく場合は、
comment@gentosha.co.jpまで。